Tuyêt-Nga Nguyên

Le journaliste français

roman

LE GRAND miroir

Pour Giáng-Kiêù, ma mère.

Pour Sébastien, Bruno et Nicolas, mes enfants.

L'explosion a la violence du rugissement d'un dieu en colère. L'air s'emplit d'une fumée bleutée accompagnée d'une odeur de soufre. Un cri retentit : « *Luu dan! luu dan!* grenade! grenade! » Comme des rets jetés du ciel, la terreur s'abat sur les hommes pris au piège. Ils pleurent, hurlent, prient. Ils s'aplatissent par terre les mains en coque sur la tête, détalent comme des rats sur un navire en perdition. En quelques secondes, le marché, gonflé par l'affluence du dimanche, prend l'allure d'une énorme fourmilière dans laquelle un géant a donné un coup de pied. Tous courent pour leur salut. Nul ne remarque la fillette blottie dans une encoignure. Moi.

Je sais que je devrais aussi fuir, mais j'ai peur de tomber et de me faire piétiner. Réfugiée entre deux échoppes, j'attends. Mon ventre me fait mal, pourtant je ne veux ni pleurer ni crier. À quoi ça sert? Soudain quelqu'un m'empoigne par le bras.

– Viens! Sortons d'ici! hurle une voix d'homme en français.

Effrayée, je m'enfonce la tête dans les épaules et me pétrifie. L'homme se penche.

– S'il te plaît, *please.*

Sa voix s'est adoucie. Pas complètement rassurée pour autant, je lève vers lui un regard méfiant.

– *Please, come with me,* insiste-t-il.

Ses yeux sont bleus, intensément bleus, extraordinairement bleus. Je n'en ai jamais vu de pareils. Ils me subjuguent.

Il me tire vers lui mais réussit à peine à me faire bouger. Il m'arrache du sol, me plaque contre sa poitrine et commence à courir. Il est grand. Nous émergeons bientôt à l'air libre. Le son strident des sirènes le perce aussitôt. D'abord faible, il enfle, enfle, puis s'arrête net. Du coup, tout le marché cesse de respirer. Le cou tendu, je regarde de toutes mes forces les jeeps qui arrivent en trombe et freinent en bloc, les militaires qui en jaillissent arme au poing, les personnes aux vêtements couverts de sang qu'on charge à la hâte dans une ambulance. Et puis cet homme traîné à terre et jeté aux pieds d'un officier. On le relève, juste assez pour qu'il soit à genoux. D'instinct, je sais qu'il a tué et blessé. Mais lorsque la matraque se lève, je ferme les yeux.

Hors de la foule, l'homme me dépose, me sourit.

– *Are you OK?*

– Vous pouvez me parler en français, vous savez, je retrouve ma voix pour lui répondre.

Son sourire s'accentue.

– Je vois que cela va bien. Et qu'est-ce que tu faisais au marché, toute seule ?

– J'achetais des œufs pour Maman parce que ceux ramenés par Chi Hai se sont tous cassés en chemin et qu'elle n'a plus le temps. Chi Hai, c'est notre cuisinière. Et maintenant, à cause de la bombe, tous les autres œufs sont cassés aussi !

Il décide de me raccompagner chez moi et me demande si c'est loin. « Pas trop », je le rassure. « Alors on va marcher », dit-il. Maman m'interdit de suivre les inconnus mais il n'en est plus un pour moi, à présent. Je glisse ma main dans la sienne. La boule dans mon ventre a disparu.

Après quelques pas, je lève la tête.

– Et vous, que faisiez-vous là-bas ?

– Mon métier de journaliste. Tu sais, ces gens qui écrivent dans un journal.

– Vous écrivez quoi ?

– Pour le moment, ce qui se passe dans ton pays…

Je brandis deux doigts sous son nez.

– J'ai deux pays : un dans le Nord où je suis née et un ici, dans le Sud, où j'ai grandi. Et ils sont séparés par un rideau de fer : le dix-septième parallèle. Maman me l'a dit.

Il s'est penché, comme pour mieux m'entendre. Flattée, je pérore de plus belle :

– En dessous de ce rideau de fer, il y a des tunnels, et au-dessus, de gros avions. Les uns et les autres crachent du feu sur les gens qui se trouvent au milieu.

– C'est un excellent résumé de la situation, dit-il dans un drôle de sourire. Et sais-tu pourquoi il y a ces tunnels, ces avions, et pourquoi ils crachent du feu ?

– Maman dit que c'est à cause de la guerre.

– Elle a expliqué pourquoi il y a la guerre ?

– Non. Elle dit que je comprendrai plus tard.

Le soleil est si chaud que mes cheveux brûlent presque sur mon crâne. Même le vent s'est enfui. À quelques mètres devant nous, une voiturette propose des boissons multicolores dans une vitrine garnie de grands morceaux de glace. Affalé sur un vieux paillasson au pied du tamarinier voisin, le marchand s'évente paresseusement avec un carton Coca-Cola. À notre vue, il saute sur ses pieds.

– Monsieur, bière ? Petite fille, limonade ?

Mes jambes s'arrêtent toutes seules. Le journaliste m'adresse un clin d'œil.

– Pourquoi pas ? Nous mourons de soif, n'est-ce pas ma demoiselle ?

Comment fait-il pour deviner ?

Il me hisse sur un tabouret, prend place sur un autre. Il boit sa bière 33 au goulot, je sirote ma menthe à la glace pilée avec une paille. Le liquide froid me rafraîchit et m'emplit de bonheur. Mon air béat l'amuse. Il dit que mon regard pétille comme du champagne. Je ne sais pas ce que c'est mais cela n'a pas d'importance. Le sien, lui fais-je remarquer, est bleu comme la peau du ciel, là-haut.

– « Peau du ciel » ! Quelle image magnifique ! Quel âge as-tu ?

– J'ai dix ans.

– Et comment se fait-il que tu parles si bien le français ?

– Je suis pensionnaire à l'Institution des Sœurs de Saint-Paul. C'est une école où tout le monde doit parler en français, tout le temps. Parfois je désobéis et alors les sœurs me donnent des lignes à copier, cent lignes : « Je ne dois pas parler en vietnamien à l'école ».

Je balance mes jambes.

– Mais j'écris très vite, vous savez. Je prends même de l'avance et dès que la sœur me punit, je lui donne les feuilles.

Un long sifflement sort de ses lèvres.

– Alors là, tu m'épates ! Et… ça marche ?

– Des fois oui, des fois non. Quand c'est non, je dois recopier devant elle. Parfois le double. Ou alors elle m'envoie au coin.

Je hausse les épaules et aspire un bon coup avec ma paille.

– C'est comme ça ! C'est la vie !

Il me contemple, perplexe, puis rejette la tête en arrière et part d'un grand éclat de rire. Qui se faufile à travers les branches, qui s'insinue entre les feuilles. Qui monte, monte. En route vers le ciel dans une envolée de moineaux. Je le fixe, ahurie, puis décolle à mon tour, comme une fusée. Mon cœur est à la joie, mon corps est à la fête. Je tressaute, je hoquette, je pleure. Il repart de plus belle. Nous sommes pliés.

Je rirais bien ainsi jusqu'à la nuit.

Il me demande :

– Tu permets que je travaille un peu ?

– Oui.

Il sort une boîte noire de sa grande poche et commence à lui parler :

« Saigon, dimanche 20 avril 1963. Dix heures douze, coup de fil anonyme : dans moins de vingt minutes, une grenade explosera au marché Truong Minh Giang. C'est en plein cœur de la ville. Je saute dans un taxi. Dix heures vingt-huit, la grenade explose. Au milieu de la foule terrorisée, une fillette perdue apparaît dans mon objectif. Je me précipite et la prends dans mes bras. Dix heures quarante-sept, nous sommes tous les deux installés à l'ombre d'un tamarinier, un verre à la main, et nous rions comme des malades. Autour de nous, à cinq cents mètres et quinze minutes de l'attentat, les Saigonnais déambulent en sifflotant. Ici, la vie et la mort se bousculent dans un train d'enfer. Les larmes écrasent les rires et vice-versa. Qui peut dire ce qui se cache derrière ce coin de rue ? ce qui se trame derrière ce sourire ? Comme dit le Bouddha, ne pas savoir est une bénédiction. Stop. »

– C'est ce que vous allez écrire dans votre journal ?

– Quelque chose comme ça, oui... Tu as compris, un peu... ?

– Un peu. Mais je comprendrai tout, plus tard.

Il dit doucement :

– Oui, bien sûr.

Je plante mes yeux dans les siens.

– C'est quand, plus tard ?

Il soupire, répond qu'il ne sait pas. Je fais un sort à mon verre et soupire à mon tour : toute la menthe est partie, toute la glace a fondu, c'était fade et tiède à mourir.

Nous descendons de nos tabourets. Il me tend la main, j'y faufile la mienne et nous reprenons notre chemin.

Beaucoup de choses tournent dans ma tête mais ma langue est en panne. La boule est revenue, dans mon cœur cette fois-ci.

Ma maison se dessine. Là-bas. Déjà. Je ne veux pas, je veux continuer à marcher avec lui.

Je traîne les pieds. Il se penche.

– On est arrivés ?

Je pointe mon index.

– C'est là, en face du grand flamboyant.

– Alors, arrêtons-nous un instant, tu veux bien ?

Comment fait-il pour savoir ?

Je m'arrête et me dandine sur mes jambes.

– Comment t'appelles-tu, petite fille ?

– Tuyêt : t, u, y, ê, t. À l'école, les sœurs m'appellent Claire. Toutes les élèves doivent avoir un prénom français.

Il sort un calepin pour noter. J'en profite pour l'examiner de plus près.

Il me plaît beaucoup, avec sa silhouette grande et mince, ses épais cheveux bruns coupés courts, son nez pas trop long et, surtout, ses mâchoires carrées. C'est très important pour un homme d'avoir des mâchoires carrées car elles dénotent deux qualités essentielles : la volonté et la droiture. Je n'invente rien du tout. Il n'y a qu'à demander aux parents qui cherchent des maris pour leurs filles : les prétendants qui en sont pourvus auront toujours une longueur d'avance sur les autres. Même chose quand il s'agit de trouver des associés pour travailler ensemble. En fait, même chose pour tout et partout. L'affaire est conclue depuis belle lurette et inscrite dans le ciel depuis que le ciel existe. Les liseurs de physionomie dignes de ce nom sont absolument d'accord là-dessus.

Il a fini et range son calepin. Lorsqu'il relève les yeux, je remarque que leur couleur a changé et que, de bleu, elle a viré au gris. C'est comme la mer : bleue au soleil et grise sous la tempête. Ça, je peux l'affirmer toute seule parce que j'ai habité à Cap-Saint-Jacques, une ville avec les pieds dans la mer, comme dit Maman.

Peut-être est-il triste, comme moi. Peut-être parce qu'on va se quitter.

Je sais que je dois le remercier et lui dire au revoir, mais ma langue me désobéit.

– Ça veut dire neige… Tuyêt, ça veut dire neige.

Il lisse ma frange.

– C'est très joli et cela te va très bien.

J'ai envie que tout s'arrête, tout, sauf le toucher de sa main sur mes cheveux. Que tout disparaisse, tout, sauf lui et moi et le ciel vêtu de bleu et les oiseaux qui chantent. Mais puisque cela n'est pas possible, alors, que tout puisse recommencer, même à distance, même en son absence.

– Votre journal, comment s'appelle-t-il ?

– *Le Monde.*

– Je l'achèterai !

– Ce ne sera pas facile. On le trouve difficilement, par ici.

– Pourquoi ?

– Parce qu'il est interdit de le lire.

– Ce que vous écrivez n'est pas juste ?

– Bien au contraire, petite fille, bien au contraire. Cela s'appelle de la censure : les autorités contrôlent l'information et on ne peut lire que ce qui est permis d'être lu. C'est surtout vrai dans les pays en guerre, comme le tien en ce moment.

Son ton s'est fait soudain las, ses épaules s'affaissent. Qu'importe si je ne comprends pas la moitié de ce qu'il dit ; s'il est triste, alors je le suis aussi. Je recommence à me dandiner sur mes jambes, à court de mots.

Il s'accroupit, prend mon visage entre ses mains et m'assure, un ciel de tendresse dans les yeux :

– Petite Neige, je ne t'oublierai pas.

C'est sa façon de me dire au revoir. Mon regard au fond du sien, toujours gris, je sens que la boule, là-dedans, va éclater. Je respire un grand coup, me dégage brusquement et cours vers la maison. Arrivée devant la porte, je me retourne. Il s'est rapproché du flamboyant. Debout sous les branches en fleur, les mains enfoncées dans les poches, il me sourit doucement. Je crie :

– Moi non plus, je ne vous oublierai pas !

Le dortoir est un bateau à l'ancre de la nuit. L'Autorité a effectué sa dernière ronde depuis longtemps. Il doit être très tard. J'ai refoulé la couverture à mes pieds, pourtant, je transpire encore. Les fenêtres sont grandes ouvertes pour rien. Nulle fraîcheur ne me parvient. La moustiquaire est une prison et je suis sa captive, condamnée à périr de chaleur. De l'autre côté du mur en tulle, accrochées au montant du lit comme chaque samedi, deux sentinelles en tenue blanche veillent. Rythmées par un léger souffle d'air, éclairées par un faible éclat de lune, elles ressemblent à deux fantômes qui chuchotent. Mon geôlier l'ignore : ce sont mes alliées. Avec elles, je m'échappe quand Maman vient me chercher. Mes robes blanches du dimanche, je les ai nommées Vent et Nuage.

Je viens de faire mon choix : demain je vêtirai Nuage.

Demain. Maman viendra peut-être me chercher.

Cela fait une semaine, maintenant.

Je n'ai parlé de notre rencontre à personne.

Dimanche rouge comme la couleur du sang. Dimanche bleu comme la couleur de ses yeux. Je ne veux pas que revienne dans ma tête l'image de l'homme à genoux, de la matraque qui se lève. Je ne veux pas savoir pourquoi cet homme a tué et blessé. Les « pourquoi », ça vient toujours trop tard. Mes paupières descendent sur mes yeux. Tout est noir, noir comme ce monde que je ne comprends pas. Lui, il le comprend sûrement. Est-ce pour cela que son sourire est si doux, presque triste ?

Maman n'était pas là quand je suis rentrée. Chi Hai sursauta à ma vue, resta un siècle à me contempler, les yeux exorbités, courut se prosterner devant le Bouddha et les ancêtres, toucha cent mille fois le sol avec son front en marmonnant des mantras, enfin se releva et m'apprit que Maman était partie à ma recherche. Peu après, Maman est revenue, a crié depuis l'entrée « Tuyêt est-elle là ? Tuyêt est-elle là ? », s'est précipitée pour me serrer dans ses bras. On est restées un bon moment à se balancer d'avant en arrière, sur nos jambes.

Elle disait que c'était grâce au Ciel que je n'ai rien eu, que le Destin a été bon avec notre famille. J'ai répondu « Oui Maman ». Elle a ajouté que les Ancêtres avaient veillé sur moi. J'ai encore répondu « Oui Maman ». L'après-midi, elle m'a emmenée à la pagode brûler des bâtons d'encens et déposer une offrande. À ses côtés, je me suis inclinée. Avec elle, j'ai remercié le Bouddha, le Ciel, le Destin, les Ancêtres. Pendant tout ce temps, debout près d'un flamboyant, les mains dans les poches, un homme me souriait.

À aucun moment, je n'ai parlé de lui à Maman. D'abord, je risquais de me faire gronder pour avoir bavardé et marché dans la rue avec un inconnu. Ensuite, qu'aurais-je pu lui dire ? Quelque chose comme : « Tu sais, lorsque la bombe a explosé, un homme a surgi, m'a sauvée et ramenée à la maison » ? Et puis quoi ? Et puis c'est tout ? Je sais bien que non, je sais bien que ce n'est pas tout, mais le plus important, notre fou rire par exemple, ou sa façon d'être triste, je ne connais pas les mots pour le dire, alors, je n'ai rien dit. À sa question, j'ai simplement répondu que je m'étais cachée dans un coin pour attendre de ne plus avoir peur, après quoi, j'étais rentrée. Il est parfois très difficile de ne pas mentir.

Mais autre chose, aussi, m'a empêchée de parler. C'est comme si ce qui s'était passé n'appartenait qu'à moi et à moi seule. C'est comme si, en glissant ma main dans la sienne, j'avais entrouvert la porte d'un univers dont je ne connaissais encore rien mais que j'aimais déjà et qui me serait à jamais interdit si j'en dévoilais l'existence.

Demain, Maman viendra peut-être me chercher.

Chez moi, je regarderai par la fenêtre.

Dimanche est venu, dimanche est reparti.

À un mois de la fin de son règne, la saison sèche ne desserre pas sa poigne. La nature courbe la tête sous la chaleur. Cette nuit, la lune est allée prendre le frais quelque part, laissant le ciel à la garde des étoiles. Elles me font des clins d'œil. Nous sommes seules dans le Grand Univers.

Bonsoir étoiles, je leur dis, je suis une petite fille, mon nom est Tuyêt, il signifie « neige ». Je n'ai jamais vu la neige sauf dans les livres, des pétales blancs qui descendent du ciel. Dites-moi, connaissez-vous la couleur du chagrin ? Savez-vous d'où il vient ? Elles me répondent sûrement, mais elles sont trop haut, trop loin, je ne les entends pas.

La chapelle de l'école était bondée, ce matin. Le dimanche, les parents peuvent venir assister à la messe. Maman n'est jamais parmi eux. Elle va à la pagode, pas à l'église. Moi, je vais aux deux. Quand je suis à la pagode, je parle au Bouddha, quand je suis à l'église, je parle à Dieu. D'ailleurs, l'encens a le même parfum, chez l'un et chez l'autre.

Là, j'ai parlé à Dieu. Faisons un marché, je lui ai dit : moi, je me tiendrai tranquille pendant toute la messe et toi, tu feras en sorte que Maman m'attende au parloir, tout à l'heure.

Je ferme les yeux. Je suis au cinéma, dans mon cinéma, et je me projette le film de la journée qui vient de s'écouler, d'un dimanche tant attendu. Sur l'écran, les chiffres défilent : 10, 9, 8, 7, 6, 5, 4, 3, 2, 1.

Maman apparaît. Elle est là, en haut des marches ! Elle me fait un signe de la main. Je vais pouvoir rentrer à la maison et me poster devant la fenêtre. Je pousserai jusqu'au marché s'il le faut. Je m'arrêterai en chemin et demanderai à Coca-Cola, le vendeur de boissons, s'il n'a pas revu le journaliste, l'homme aux yeux bleus qui a ri très fort, vous vous rappelez ? Je fonce vers la salle d'étude pour attendre qu'on vienne m'appeler.

Dieu n'a accepté le marché qu'à moitié : Maman va repartir, sans moi. Trop de choses l'attendent. C'est déjà très bien qu'elle ait pu passer m'embrasser et m'apporter quelques friandises.

– Dans la vie, ma chérie, l'important pour chacun est de faire son devoir, me rappelle-t-elle en se levant. Le mien est de te donner la meilleure instruction et la meilleure éducation possibles, le tien est de bien étudier et de bien écouter afin de devenir une jeune fille bien instruite et bien élevée. Le reste passe après. Tu m'écoutes, Tuyêt ?

– Oui, Maman.

– Tu n'es pas trop triste ?

– Non, Maman.

Elle ajoute qu'elle est fort occupée ces temps-ci, me promet de venir me chercher dès qu'elle le pourra, qu'on ira au cinéma... Je l'écoute d'une oreille distraite.

De retour dans la salle d'étude, je médite. Tout ce que Maman vient de dire, je le savais déjà. Même que le Reste s'est empli avec plein de choses, ces je-ne-sais-quoi qui ne donnent pas envie de jouer. Elles sont venues doucement et se sont couchées sans bruit. Un jour, elles repartiront. C'est comme ça. Il faut juste attendre. Je lisse les plis de Nuage et me plonge dans un livre mais tout ce que je vois, c'est une silhouette tranquille près d'un flamboyant. Devrait-elle aussi faire partie du Reste ? Mettrait-elle longtemps avant de se coucher ? Finirait-elle par disparaître ? Toutes ces idées me rendent triste.

Julie me pousse du coude, chuchote :

– Qu'est-ce qu'il y a ? Tu as l'air tout drôle.

Julie fait partie des pensionnaires que les parents ne viennent pas chercher tous les dimanches, qu'ils habitent trop loin ou qu'ils aient des choses à faire. Généralement, je peux compter sur l'une ou l'autre pour me tenir compagnie quand je ne sors pas. Ce ne sont pas toujours les mêmes mais qu'importe. En ce moment, pourtant, je préfère qu'on me laisse tranquille.

– Rien !

Elle persiste :

– À quoi tu penses ?

Je grogne :

– À rien !

Elle rétorque :

– C'est pas possible ! On ne peut pas penser à rien ou alors on ne pense pas.

Ah ! On est comme on est, et Julie est Mlle Logique et sa logique me tue et mon cadavre répond :

– Si tu veux savoir, je pense à un homme. Il est très grand, avec des cheveux bruns, des yeux bleus et un sourire très doux. Il m'a sauvé la vie et je ne pourrai plus jamais le revoir !

Elle me contemple, éberluée, puis glousse :

– Tu inventes, c'est ça ?

Je ressuscite pour préserver mon secret :

– Évidemment que j'invente.

L'Autorité se fâche :

– Mesdemoiselles Claire et Julie, vous avez fini de bavarder ?

Julie griffonne sur un bout de papier : « On fait une partie de marelle tout à l'heure ? » Je fais oui de la tête. Je n'en ai pas très envie, mais c'est vrai aussi qu'on n'a pas le temps d'avoir le cafard quand on joue.

Le film continue, sur un dimanche mille fois vécu.

Étude, jeux, apprendre à bien se tenir.

Ne pas courir dans les escaliers, par exemple. Celui qui mène au dortoir, situé au troisième et dernier étage, est fascinant : près de quatre-vingts marches, droit comme un i ; à l'arrivée, une fenêtre grande ouverte sur le ciel. Vu d'en bas, il ressemble à une échelle vers les anges. Julie et moi, on fait la course pour aller se changer avant de sortir dans la cour. Zéro ange pour nous accueillir. À la place, l'Autorité avec ses gros yeux et sa sentence : tout redescendre et remonter posément, comme des petites filles bien élevées.

Après ça, fatalement, il n'est plus question de sauter gentiment à la marelle : il nous faut des sensations fortes. Allez, on va sur les balançoires !

Un coup les jambes pliées, un coup les jambes tendues, nous montons de plus en plus haut. Un coup ma jupe se plaque contre mes cuisses, un coup elle s'ouvre comme une corolle, je monte encore plus haut. Les arbres s'affolent, reculent, s'avancent, mêlent leur chevelure à la mienne.

– Arrête ! Tu vas passer de l'autre côté ! crie Julie.

Je ne réponds pas. Parallèle à la terre et au ciel, je ris.

Un coup de sifflet retentit. Ils retentissent toujours quand je m'amuse. Il paraît que je suis un garçon manqué. Les vraies petites filles, dit l'Autorité, ne sifflent pas, ne louchent pas, ne chahutent pas, ne plein-de-choses-marrantes pas. Dans ma prochaine vie, je serai un vrai garçon.

La sieste expédiée, on hèle les autres pour faire une grande partie de marelle. Sur le ciment de la cour, on dessine les cases à la craie, lance des cailloux, sautille à cloche-pied. Vers cinq heures, les « sorties » commencent à rappliquer, en avance d'une demi-heure sur le règlement. La précaution n'est pas de trop car, sur le chapitre des horaires – comme sur tous les autres chapitres d'ailleurs –, l'Autorité est sans pitié : à cinq heures et demie et pas une minute de plus, les lourdes grilles se ferment, les retardataires reviendront lundi matin et seront privées de visite le mercredi qui suit. En cas de deux retards d'affilée, la sortie du dimanche suivant est supprimée.

Les grandes s'éparpillent par petits groupes pour se raconter leurs secrets. Les petites jouent au ballon prisonnier. J'aime bien jouer au ballon prisonnier. Voilà l'angélus qui sonne. L'Autorité rassemble tout le monde pour la douche, le dîner, la prière du soir.

Le film s'arrête.
Dimanche est terminé.
Il ne reste plus qu'à dormir.
Je suis bien et je ne suis pas bien.
Mes yeux se referment sur un flamboyant.

Nuage et Vent ne risquent pas de se salir de sitôt : elles ne m'ont servi que pour aller à la messe. À peine mises, déjà raccrochées, le moment revient toujours trop vite où elles doivent réintégrer leur prison au parfum de naphtaline. Précieuses et cloîtrées, elles s'y morfondent à attendre le retour du prince Samedi pour s'échapper dans ses bras et s'envoler vers des salles de bal féeriques où elles danseront, plus belles que la lumière, plus heureuses que la terre desséchée lorsque tombent les premières pluies. Trop souvent, elles attendront en vain. Elles sont mes princesses tristes.

Depuis sa visite deux semaines auparavant, Maman n'a plus réapparu. En revanche, elle a envoyé Chi Hai m'apporter des gâteaux aux haricots, des bonbons au gingembre et une lettre. C'est la première fois qu'elle m'écrit. Je dois avoir grandi. D'ailleurs, elle a commencé par « Ma grande fille ». Elle a demandé ensuite si j'ai bien travaillé, c'est-à-dire si ma moyenne a augmenté. « Souviens-toi, ma chérie, il est plus important de gagner contre soi-même que contre les autres. » « Dépassement de soi » que ça s'appelle. Elle a beau m'en parler régulièrement, ce n'est toujours pas très clair dans ma tête et, dépassement pour dépassement, je préfère autant dépasser les filles de ma classe et me trouver parmi les cinq premières. Maman ne se rend pas compte comme c'est difficile : on est quarante et une, cette année ! Le reste de la lettre ne m'apprend rien de nouveau. J'ai déjà compris pourquoi elle s'absente souvent. C'est le pourquoi de ce pourquoi que je ne comprends pas. Cela ne m'affecte même plus : les choses de la guerre me sont devenues, avec le temps, une berceuse dont je connais la mélodie sans comprendre les paroles. Ce sera pour plus tard.

Quelqu'un pourra-t-il me dire quand Plus Tard arrivera ?

Le journaliste ne le peut pas, il l'a reconnu. Mais pourquoi a-t-il soupiré ? Plus Tard serait-il triste ? Alors, qu'il n'arrive jamais, qu'il reste où il est.

J'ai un cafard gros comme l'école. Pas à cause de Maman : elle ne m'oubliera jamais, parce qu'elle est maman. À cause du journaliste. Lui, il m'oubliera sûrement.

Après tout, on ne s'est vus qu'une seule fois, et encore, pendant si peu de temps. Je sais, il m'a dit « je ne t'oublierai pas », avec plein de tendresse dans les yeux. Mais cela fait un mois déjà. Un mois, c'est long ou c'est court ? Et à supposer qu'il pense toujours à moi, pourquoi n'est-il pas repassé me voir ?

Je sursaute soudain : qui dit qu'il ne l'a pas fait ? qu'il n'a pas attendu en vain, sous le flamboyant ? J'aurais dû lui préciser que je ne sortais pas tous les dimanches. Je ne l'ai pas fait et à présent, il est trop tard car un mois, c'est peut-être très long, après tout, et il ne reviendra plus. On n'attend pas quelqu'un indéfiniment. Nous ne nous reverrons plus jamais et ce sera de ma faute. L'idée me réconforte car elle l'innocente, et il est important qu'il soit innocent. Mais elle n'enlève rien à ma tristesse.

M'a-t-il attendue en vain sous le flamboyant ? Pense-t-il, découragé, que je l'ai oublié ? Oh ! s'il savait.

Je tourne en rond, erre d'une supposition à l'autre, cherche mes réponses dans les nuages qui continuent à voyager, vers je ne sais où, dans le vent qui continue à chanter, pour qui je l'ignore. Impuissante.

Et voilà que la Grande Autorité me convoque !

Les mains croisées sur le bureau, elle me scrute derrière ses lunettes :

– Que se passe-t-il, Mademoiselle Claire ? Il paraît que vous rêvassez beaucoup, ces temps-ci.

Je contemple mes souliers.

Elle attrape mon carnet de classe, le feuillette.

– Vos notes ne s'en portent pas trop mal, cependant. Rien à dire pour le français. En calcul, par contre, des efforts sont nécessaires. Même chose en conduite : 7, ce n'est pas assez.

Alors, il faut que je tombe malade. Le mois passé, j'ai eu 8 : une fièvre m'avait clouée au lit une semaine durant.

– Eh bien, vous êtes muette comme une carpe ! D'habitude, vous avez la langue plutôt bien pendue, non ?

Je lève la tête. La Grande Autorité est une Française dotée d'un nez légèrement busqué, d'une bouche surmontée d'un léger duvet et de prunelles bleues, aussi, quoique chez elle la couleur soit moins intense que chez « lui ».

Je sais ce qu'elle veut entendre.

– Je vous promets de ne plus rêvasser, Ma Mère.

Avec ça, elle devrait s'estimer satisfaite et me laisser partir.

– C'est bien ma fille.

Dans moins d'une minute, je suis dehors. Elle m'examine pendant dix mille minutes, avant de reprendre :

– Claire, ce n'est pas pour vous réprimander que je vous ai convoquée. Vous, les pensionnaires, vous êtes un peu comme mes filles. Alors si quelque chose ne va pas, si vous avez des soucis, un chagrin, ou si vous estimez que l'une ou l'autre sœur est injuste envers vous, il ne faut pas hésiter à venir m'en parler. N'est-ce pas ?

Pourquoi me parle-t-elle si doucement, maintenant ? Bêtement, ma gorge se serre, mais je tiendrai bon : elle ne saura rien.

– Oui, ma Mère.

– Vous avez toujours été une petite fille vive, gaie. Vous chahutez même un peu trop au goût de vos professeurs, mais pour dire la vérité, je préfère qu'une élève soit un peu trop, disons... dynamique, que le contraire. Donc, redevenez comme avant, avec mesure, bien sûr.

Elle sourit.

– Ne dépérissez pas.

– Oui, ma Mère.

– Une dernière chose. Si votre maman ne vient pas souvent vous chercher, c'est qu'elle a ses raisons. Soyez sûre qu'elle vous aime et que vous lui manquez. Elle vous a écrit, non ? Alors, ne…

Je ne l'écoute plus : une idée fantastique vient de m'emporter sur ses ailes.

– Vous pouvez vous en aller, maintenant.

J'atterris dare-dare, fais ma révérence et sors, fébrile : je vais écrire au journaliste. Fin des tourments. Étais-je bête de ne pas y avoir pensé plus tôt !

Je ne connais pas son nom mais bien celui de son journal. « À Monsieur le journaliste du journal *Le Monde* » sur l'enveloppe, cela devrait suffire au facteur. Reste à poster la lettre. Impossible de passer par l'école. La Grande Autorité la lira, me convoquera de nouveau et essaiera d'en savoir plus. Elle fera ensuite venir Maman qui lira à son tour, qui ne manquera pas de me rappeler à mon devoir et qui, enfin, me fera promettre de ranger le journaliste dans le Reste. J'aurai beau lui affirmer avoir essayé, ce qui est d'ailleurs vrai, elle me parlera du dépassement de soi ou d'autre chose dans le genre. Non, la lettre, je la donnerai à Chi Hai à sa prochaine visite. La pauvre ! Le nombre de fois où elle s'est frappé la poitrine : « Ah, si je n'avais pas cassé les œufs, petite sœur Tuyêt n'aurait pas frôlé la mort ! » Elle serait sûrement contente de pouvoir se rattraper. Et puis, avec elle, aucun danger que mon secret soit percé : Chi Hai ne lit pas le français. Tout ce qu'elle aura à faire, c'est chiper un timbre et une enveloppe à Maman, glisser la lettre à l'intérieur de l'enveloppe, coller le timbre au-dessus et jeter le tout dans la boîte.

Je me précipite sur mon cahier, mon porte-plume et mon encrier.

« Monsieur le journaliste,

Je vous écris pour savoir si vous ne m'avez pas oubliée. Vous m'avez ramenée chez moi quand une bombe a explosé au marché, vous vous rappelez ? Maman dit que c'étaient le Bouddha et les ancêtres qui m'ont sauvée. Moi, je savais que c'était vous, mais je n'ai rien dit, ni à elle ni à personne, même pas à Julie, ma meilleure amie. C'est mon secret. Il est beaucoup plus grand que tous les autres et jamais je ne le raconterai parce que c'est un vrai.

Depuis la bombe, je ne suis plus sortie. Maman n'a pas le temps. Elle dit que, pendant la guerre, on ne fait pas toujours ce qu'on veut. Nuage et Vent sont tristes parce que, quand je ne sors pas, elles ne sortent pas non plus : ce sont mes robes du dimanche. Elles sont toutes blanches, c'est obligatoire. J'ai appelé l'une Nuage parce j'aime bien jouer avec les nuages quand je suis seule ou lorsque je n'ai pas envie de lire ou de m'amuser avec les autres. Je me couche alors sur le dos, je les regarde bouger dans le ciel et je me raconte des histoires. Il faut parfois aller très vite car ils peuvent s'étirer et changer rapidement de forme et devenir d'autres personnages. L'autre s'appelle Vent parce que c'est le vent qui fait bouger les nuages. J'aime beaucoup ces deux noms parce que je suis enfermée et qu'ils désignent des choses qui ne le sont pas. Et puis, les nuages sont souvent blancs tandis que le vent, lui, n'a pas de couleur. Il est comme l'air qui sort de nos narines quand on respire : on le sent mais on ne le voit pas. Le vent, c'est quand le ciel respire.

Je dois m'arrêter : l'Autorité a corrigé toutes les copies et va passer entre les rangées pour voir ce qu'on fait. L'Autorité, c'est le nom que je donne aux sœurs qui m'embêtent avec la discipline. Je n'ai pas osé vous demander le vôtre parce qu'on m'a appris à ne pas le faire aux grandes personnes. Seriez-vous fâché si je vous en inventais un ?

Tuyêt

NB. J'ai oublié de vous dire que je ne vous ai pas oublié. »

Je referme le cahier et le cache entre deux autres. On est mardi. D'ici dimanche, j'aurai le temps d'écrire encore.

Un sursaut m'arrache de mon banc. Mon plan n'est pas au point : si Chi Hai ne lit pas le français, elle ne l'écrit pas non plus ! Comment fera-t-elle, alors, pour mettre « À Monsieur le journaliste du journal *Le Monde* » sur l'enveloppe ? Bien sûr, je peux le faire, mais il faudra qu'elle m'en apporte une, d'abord, et pour ça, elle doit savoir que j'en ai besoin, ce qui veut dire que la lettre ne sera pas postée avant deux semaines, au plus tôt. Ô ciel ! que de tracas quand on est petite…

Je décide de demander à Julie si elle n'a pas une enveloppe à me prêter. À la récré, je cours lui poser la question. Elle arrête de dérouler sa corde à sauter.

– Pour quoi faire ?

Ah ! Mon nez se pointe vers le ciel.

– Pour rien.

– Tu vas mettre rien dans une enveloppe ?

Et elle retourne à sa corde.

Mlle Logique a de nouveau frappé. La mine piteuse, je rumine ma vexation de m'être encore laissé surprendre.

Elle est comme ça, ma meilleure amie. La fleur éclôt au printemps parce que c'est le printemps, la feuille morte tombe de sa branche parce que c'est une feuille morte. C'est 1 + 1 = 2, point à la ligne. L'Autorité appelle cela du bon sens. À l'entendre, il s'agit sûrement d'une qualité, et à voir la façon dont elle me regarde en le disant, cette qualité me fait sûrement défaut, hélas ! N'empêche, qu'on l'appelle bon sens, logique ou comme cela nous chante, la chose me rebute, m'effraie. Elle est comme une prison à mon cerveau. Je m'y sens à l'étroit, empêchée de penser et de raisonner comme je veux. Or, je n'ai pas toujours tort. C'est ce qu'un jour j'ai essayé de démontrer à mon amie.

– Julie, j'ai dit, tu crois que 1 + 1 font toujours 2 ?

– Oui.

– Eh ben, ce n'est pas vrai ! La preuve, un papa + une maman ça fait trois, ou quatre, ou six, ou tout ce que tu veux ! Qu'est-ce que tu en dis, hein ?

– Que tu coupes les cheveux en quatre viens on va jouer, m'a-t-elle répondu, sans une virgule et sans lever les yeux de je ne sais plus quoi qu'elle tenait dans sa main.

Passons ! Aujourd'hui, l'affaire est sérieuse et on ne va pas discutailler.

– Alors, t'en as une, ou non ?

– Non.

– C'est malin ! Et pourquoi tu ne l'as pas dit tout de suite ?

Elle rit.

– Mais je sais où tu pourras en trouver.

Je me méfie.

– Où çà ?

– Chez Sœur Thérèse.

Mais oui, bien sûr, triple idiote que je suis ! Et Sœur Thérèse, elle ne va rien me demander, pourquoi ci, pourquoi ça. Elle dira oui ou elle dira non, c'est tout.

Julie rit toujours.

– Elle ne te refuse rien, Sœur Thérèse, tu es son petit chouchou.

Je rougis.

– D'abord on dit chouchoute pour une fille, et ensuite, c'est pas vrai !

Un ricanement se fait entendre dans notre dos.

– Si, c'est vrai, et elle est ta « chouchoute » aussi !

Je reconnais l'accent, soupire, accablée, puis pivote sur mes jambes pour faire face à l'intruse, « Pauline » de son vrai prénom et surnommée « Cèpamôa » par mes soins. « Hi, hi » continue-t-elle, bête comme mes pieds. Je la toise.

– Qu'est-ce que tu fais là ? Tu nous espionnes ou quoi ?

– Pas du tout ! Je ramassais mon ballon.

– C'est ça ! Et ça t'a pris combien de temps pour le ramasser, ton ballon ? Et tes oreilles, elles étaient obligées de traîner et écouter ce qu'on disait, aussi ?

Julie écarquille les yeux.

– Qu'est-ce qui te prend, Claire ? Pourquoi tu te mets en colère comme ça ?

– Parce que je n'aime pas qu'on m'espionne !

– Dis plutôt que tu n'aimes pas qu'on touche à ta chère Sœur Thérèse, reprend l'autre, goguenarde, sur quoi elle dépose son ballon par terre, ce qui achève de me consterner.

L'histoire est compliquée. Pauline a une dent contre moi. Elle s'est mis dans la tête d'être mon amie mais je ne veux pas.

– Et pourquoi ? s'est-elle écriée.

– Tu le sais très bien, j'ai répondu.

– Tu n'es qu'une prétentieuse ! m'a-t-elle lancé.

– En tout cas, quand je fais des bêtises, je ne cherche pas à me défiler après ! ai-je répliqué en la regardant droit dans les yeux.

Et encore, je n'ai pas tout dit, car non seulement elle se défile mais, en plus, elle n'hésite pas à laisser les autres se faire punir à sa place.

Elle a commencé dès son arrivée, cette année, et d'une façon absolument époustouflante : au premier repas, elle a recraché son riz dans son mouchoir et l'a balancé dans les toilettes. Oh là là ! De mémoire de pensionnaire, jamais je n'avais vu ça. L'Autorité a découvert le topo, a rassemblé les petites pour un interrogatoire et quand est venu son tour, elle a dit : « C'est pas môa », sans même bouger un cil. Résultat, au lieu de notre goûter, on a reçu des lignes à copier : « Je dois respecter la nourriture et ne jamais la jeter », et pas cent fois, deux cents fois ! On a attrapé des crampes partout, à l'estomac parce qu'on avait faim, aux doigts à force de copier et à la langue qu'on tirait en copiant.

Moi, je savais que c'était elle parce qu'au réfectoire les places se distribuent selon l'âge et qu'elle se trouvait dans mon champ de vision, ce jour fatidique. Elle avait attiré mon attention parce qu'elle était une nouvelle, qu'elle portait une très belle robe et qu'elle n'arrêtait pas de tousser dans son mouchoir, d'une façon bizarre et après chaque bouchée. Je l'avais observée et j'avais compris. Après la punition, j'ai été le lui dire. Elle n'a même pas nié, m'a demandé pourquoi je ne l'avais pas dénoncée. Je lui ai répondu que je n'étais pas une rapporteuse. C'est alors qu'elle m'a proposé d'être son amie. J'étais très tentée d'accepter car elle m'avait épatée en faisant quelque chose que jamais je n'aurais même osé imaginer, mais elle n'a pas eu assez de cran pour le reconnaître et ça, ça m'embêtait. Elle m'a expliqué qu'elle était habituée à manger du très bon riz, que celui du pensionnat était si mauvais qu'il lui avait été impossible de l'avaler, qu'elle n'avait pas eu le courage d'avouer parce qu'elle venait d'arriver. Elle paraissait sincère et j'ai dû réfléchir. Après tout, quand on est nouvelle dans une école, on est mal à l'aise déjà rien qu'en se tenant tranquille, alors, après une bêtise pareille ! Et devoir ensuite lever la main, sortir du rang, se faire réprimander devant tout le monde... Ô ciel ! ça doit être horriblement difficile à faire. Mais tandis que j'hésitais encore, elle a continué son manège, même si ça ne marchait pas à tous les coups. Alors, j'ai dit non et je l'ai appelée Cèpamôa. Elle était très vexée. Ses parents sont riches, plus riches que Maman en tout cas car ils ont une voiture. Elle croule sous les gâteries qu'elle distribue autour d'elle mais je n'ai jamais rien accepté. Tant qu'elle dira : « C'est pas môa ! » alors que c'est elle, je me fiche de ses bonbons, même si parfois j'en meurs d'envie. Julie fait la même chose. Alors, elle est encore plus vexée, la Pauline.

Elle ne comprend rien du tout. Elle ne comprend pas qu'elle se ferait plus de copines en arrêtant de se défiler qu'en offrant ses bonbons, son chocolat et ses chewing-gums, viennent-ils de France, comme elle se plaît à le préciser. Elle ne comprend pas que le surnom que je lui ai donné disparaîtra tout seul le jour où elle ne le méritera plus. En attendant elle m'en veut, ce qui ne l'empêche pas de me tourner autour. C'est bizarre comme attitude, mais après tout, ça la regarde, du moins tant qu'elle ne me cherche pas des puces.

Là, elle est occupée.

– Sœur Thérèse est ta chouchoute parce qu'elle te laisse lire ses livres sans payer. Parce que tu lis sans payer, je le sais ! claironne-t-elle.

Comment a-t-elle fait pour l'apprendre ? Je la regarde, interdite. Elle jubile, aux anges :

– Ose dire le contraire !

Je crâne :

– Et pourquoi je n'oserais pas ? Tu crois que j'ai peur de toi ? J'aime bien Sœur Thérèse, d'accord, mais parce qu'elle est gentille et pas parce qu'elle me laisse lire gratuitement. Voilà !

– C'est ce que tu dis !

– Si tu ne me crois pas, tant pis pour toi. Et d'ailleurs, qu'est-ce que ça peut te faire, hein ? Tu es jalouse ?

– Jalouse, moi ? Ha ! Ha ! Je peux payer, môa ! J'ai pas besoin d'aller faire des risettes et des courbettes, môa !

Le coup est bas. Je l'accuse, le souffle coupé, avant de me reprendre et lui lancer que les risettes et les courbettes, c'est pas mon genre, et qu'elle n'est qu'une menteuse, une méchante menteuse, et que c'est cela, son genre ! Elle devient toute rouge et demande en braillant pourquoi, alors, je suis tout le temps fourrée à la bibliothèque. Je lui riposte que je fais ce que je veux et ajoute que ce n'est pas très malin de nier quelque chose pour se trahir aussitôt : ne vient-elle pas, en effet, de me donner la preuve qu'elle passe son temps à m'espionner ? Au lieu de rentrer sous terre de honte, elle esquive et repart à l'attaque :

– Et dis-moi aussi pourquoi je dois payer et pas toi ?

– Parce que je lis beaucoup.

Les mots à peine lâchés, je me mords la langue.

– C'est une raison ça ? C'est une raison ? persifle-t-elle.

Non, ce n'en est pas une. Elle a enfoncé son clou et cela me fait mal, mais il ne m'est pas possible de me défendre sans dévoiler quelque chose que je ne veux pas dévoiler.

Julie, jusque-là à l'écart de la dispute, intervient :

– Hé, Cèpamôa, si tu veux savoir tout ça, pourquoi tu ne vas pas demander à Sœur Thérèse, hein ? Je parie que tu n'oserais même pas.

Pauline la reprend vertement :

– De quoi je me mêle ? C'est pas tes affaires !

– Et à toi, c'est tes affaires ce qui se passe entre Claire et Sœur Thérèse ? réplique Julie sans se démonter.

Pauline a un haut-le-corps qui fait trembler le sol sous nos pieds. Elle se rattrape comme elle peut et s'écrie, l'air faussement effrayée :

– Oh ! Deux contre une maintenant ! Je suis battue d'avance. Je me retire.

– C'est ça, retire-toi. Cours ailleurs ramasser ton ballon ! fait Julie en donnant un coup de pied dans le ballon en question.

Je reconnais bien là mon amie : douce et conciliante de nature, elle n'hésite pas à s'interposer quand elle me voit acculée, en m'éloignant quand j'ai tort, en prenant ma défense lorsque, comme aujourd'hui, la situation lui paraît injuste, l'injustice s'assimilant dans son esprit à un défaut de logique.

Julie, ma première vraie meilleure amie.

Nous avons le même âge mais elle est un peu plus petite que moi, plus potelée aussi. À cela s'ajoutent des cheveux coupés court qui lui encadrent le visage, des yeux bien en amande et une bouche en forme de cœur. « Tu ressembles à une poupée japonaise », lui ai-je chuchoté au premier jour de la rentrée des classes lorsque, sur ordre de l'Autorité, elle était venue partager mon banc. En retour de ce qui valait compliment dans ma bouche, elle m'a lancé un regard noir. J'ai dû attendre la récré pour savoir pourquoi.

– Les Japonais sont des méchants !

– Ah ?

– Ils sont venus ici, ont volé et brûlé notre riz et à cause de ça plein de gens sont morts de faim.

– Oh !

– Tu ne le savais pas ?

– Non.

Elle m'en bouchait un coin ! Je lui ai proposé de devenir ma meilleure amie. Elle a posé sa condition : jamais plus je ne dirais qu'elle ressemble à une poupée japonaise. J'ai fait comme dans les livres : juré en crachant dans ma main. Elle a éclaté de rire. Elle rit aussi beaucoup, Julie, mais elle fait moins de pitreries que moi. L'Autorité espère en secret me voir suivre son exemple.

Après la scène avec Pauline, l'heure ne se prête pas au rire. Nous allons nous asseoir au pied d'un arbre. Julie fait des huit avec sa corde, consciencieusement. Je médite et lâche enfin la question :

– Tu penses, toi, que je fais des risettes et des courbettes aux sœurs ?

Elle s'étonne.

– Pourquoi je le penserais puisque ce n'est pas vrai ?

Ben oui, pourquoi ? 1 + 1 = 2, n'est-ce pas ?

– Tu ne dois pas écouter Cèpamôa, poursuit-elle. Parfois elle raconte n'importe quoi, juste pour te vexer.

– Peut-être qu'on devrait arrêter de l'appeler comme ça. C'est pas très gentil, quand même.

– Alors elle va penser que tu as peur d'elle parce qu'elle a raison au sujet de Sœur Thérèse et elle le dira à tout le monde. Et puis personne n'est obligé de l'appeler Cèpamôa, comme nous.

2 + 2 = 4.

– C'est vrai. N'empêche…

Je torture une racine qui dépasse.

– Mais, tu sais, je n'ai jamais demandé à Sœur Thérèse de ne pas payer pour lire ses livres. C'est elle qui me l'a proposé. Même qu'elle a insisté.

– Et pourquoi elle a fait ça ?

– Parce qu'elle voyait que j'aimais lire et que je n'avais pas assez d'argent pour pouvoir le faire autant que je le voulais.

– Et ta maman, elle ne t'en donne pas, de l'argent ?

– Si, mais je ne savais pas que j'allais lire tellement. Je lui en aurais demandé plus si Sœur Thérèse ne m'avait pas proposé son marché.

Je rougis en prononçant ces derniers mots car je sais bien que ce n'est pas un vrai marché.

Julie rit.

– Pouce ! ça devient trop compliqué pour moi. Mais je suis contente que tu puisses lire pour rien et garder tes sous pour acheter des images viens on va jouer.

Chez Julie, l'absence de ponctuation signifie que l'affaire est réglée. Je me lève pour la suivre, le cœur pourtant encore lourd des insinuations de Pauline.

– Sœur Thérèse aurait fait la même chose pour tout le monde, tu sais.

Julie commence à courir, sa corde et son rire dans son sillage.

– Mais tu resteras quand même sa « chouchoute » rattrape-moi si je mens !

Ma lettre au journaliste n'a pas avancé d'une virgule. L'Autorité déploie actuellement une vigilance qui m'enlève toute tentation de m'y remettre. Pire : au lieu d'écrire à quelqu'un que j'aime bien, je fais des lignes pour personne : cent fois je ne dois rêvasser par-ci, cent fois je ne dois pas lancer de boulettes par-là. De plus en plus souvent, je me demande si les adultes savent ce qu'ils veulent. Avec l'Autorité, qu'on bouge ou qu'on ne bouge pas, c'est du pareil au même : on est puni.

En ce moment, coincée entre le dos d'une armoire et un angle de la salle d'étude, j'ai devant mon nez deux balais et un plumeau : l'Autorité a voulu chasser une mouche qui s'était posée sur sa cornette, la mouche en a réchappé mais la cornette a pris un coup et s'est mise à pendre misérablement d'un côté, un fou rire m'a secouée, et voilà...

Je glisse le long du mur et me retrouve assise par terre, les mains enserrant les genoux. Pendus à leurs clous, mes trois compagnons d'infortune m'examinent, impavides. On se connaît. Je les ai même baptisés, lors de notre premier face-à-face : « Vous deux, les balais, vous vous ressemblez comme des jumeaux, je vous appellerai Dupont et Dupond, et toi le plumeau, avec tes boucles, tu seras La Castafiore ». À quatre, nous méditons ferme, aujourd'hui comme à chaque fois.

La dispute avec Pauline, deux jours auparavant, se faufile dans mon esprit. Je n'y ai plus pensé depuis. Ma tête n'est pas assez grande pour contenir tant de choses en même temps et le journaliste y prend beaucoup de place. Dans ce réduit minuscule où mes jambes attrapent des fourmis, la scène me revient, me coince, m'arrache un soupir : les disputes, ce n'est jamais marrant. Celle-là était grosse, en plus, la plus grosse dans mon souvenir. D'habitude, ce sont des chamailleries : on n'est pas d'accord, on fait des grimaces, on dit je ne jouerai plus jamais avec toi, on boude un peu puis on rejoue quand même ensemble. Là, c'était autre chose, c'était grave.

Mais pourquoi, aussi, m'avait-elle provoquée si méchamment ? On discutait tranquillement, Julie et moi. Qu'avait-elle à s'amener pour nous écouter et faire des insinuations qui piquent comme des dards et raconter des mensonges qui pétrifient ? D'accord, le surnom que je lui ai collé n'est pas gentil du tout, mais nier ce qu'on a fait ne l'est pas non plus. Si elle arrête, j'arrêterai aussi. Pas avant car, comme l'a dit Julie, il ne faut pas que je lui donne l'impression d'avoir peur d'elle, après notre dispute.

Reste à savoir comment elle a fait pour savoir que je lis sans payer.

Telle que je la connais, Sœur Thérèse ne le lui aurait jamais dit : elle est bien trop discrète pour ça. De mon côté, je n'avais aucun intérêt à divulguer quelque chose qui pouvait laisser penser que Maman était trop pauvre pour payer mes lectures. Maman, elle a toujours assez d'argent pour tout ce qui concerne l'école. Il n'y a qu'à voir la grosse enveloppe qu'elle remet à l'Autorité tous les trimestres.

Finalement, je me moque de ce que peut penser Pauline. La vérité, je l'ai dite à Julie : Sœur Thérèse avait vraiment insisté pour que je lise ses livres gratuitement.

Tout a commencé par une journée qui, partie pour être l'une des plus tristes de ma vie, allait se révéler l'une des plus belles, une journée que les grandes personnes qualifieraient de *quà troi cho*, « cadeau du ciel ».

Maman venait de me changer d'école et, par la même occasion, de ville : je me retrouvai transplantée du pensionnat des Sœurs de Béthanie à Cap-Saint-Jacques à celui-ci, tenu par des Sœurs de Saint-Paul, appelé *Truong Bà Trang* – École des Dames Blanches – par les Vietnamiens, à cause de la couleur des robes des religieuses. Maman est bouddhiste mais cela ne l'a jamais dérangée de voir sa fille aller à l'église et apprendre le catéchisme. Elle dit que la religion n'a pas d'importance et même qu'on peut s'en passer tant que chacun fait son « devoir ».

Maman ne m'avait pas dit que je changerais également de monde.

Mon ancienne école se niche dans une petite ville de province et n'enseigne pas plus loin que le primaire. Gardée à son entrée par l'esprit d'un noble banian qu'on dit très, très vieux à la façon dont ses branches pleurent des racines jusqu'à terre, elle se compose de quelques constructions sans prétention, de bougainvillées, de frangipaniers, de flamboyants et d'une flopée d'autres fleurs, d'arbres fruitiers – goyaves, longanes, tamarins, papayes, et j'en passe –, de haies vives, d'une grille qui ne ferme jamais. Elle bénéficie en outre d'une merveilleuse voisine : la mer, dont le vent m'apportait le parfum et les chansons, dont le souffle rafraîchissait mes nuits.

Ma nouvelle école se trouve dans la capitale et dispute le titre de meilleur établissement pour filles du pays avec le lycée Marie Curie, situé à quelques battements d'aile, et le couvent des Oiseaux, perché celui-là sur les vertes collines de Dalat. Elle accepte les élèves pensionnaires, demi-pensionnaires et externes, depuis la maternelle jusqu'à la terminale, dans des classes qui en comportent quarante en moyenne et qui, en primaire, se comptent parfois jusqu'à quatre par année. Elle abrite une importante communauté religieuse et possède sa propre chapelle, plus grande et plus belle que l'église de Cap-Saint-Jacques, ainsi qu'un calvaire à l'ombre des platanes et, juste derrière, la grotte de Marie, deux endroits que j'aime beaucoup, sans doute parce qu'ils ont une histoire.

C'est dire qu'elle est gigantesque : des édifices de plusieurs étages, des couloirs interminables, plusieurs cours de récréation, des préaux divers, une grande surface en ciment pour les jeux de ballon, un terrain avec du sable pour sauter en hauteur, en longueur, lancer des poids, grimper à la corde. Elle possède même des « catacombes ».

L'endroit mérite mille fois ce surnom que je lui ai donné. Situé à la base du bâtiment de la communauté – le plus grand de tous –, c'est un immense sous-sol en surface jetant ses tentacules dans tous les sens, où il fait noir, où il fait froid, à ce point sinistre que le soleil refuse d'y entrer. Les lanternes, accrochées sur ses parois en pierre de taille, distillent une lumière jaunâtre et mouvante tout juste bonne à transformer la moindre ombre chinoise en une silhouette de saint ou de martyr. Il faut dire que le lieu sert aussi d'abri en cas de bombardement. Et pour que nulle ne l'ignore, à chaque rentrée, la même consigne tombe des lèvres de la Grande Autorité, aussitôt traduite en vietnamien par la sœur de service : « Souvenez-vous, Mesdemoiselles : à la première alerte, abandonnez tout et courez au sous-sol ! »

C'est que l'école est encadrée, de part et d'autre et à un jet de pierre, de deux voisins impressionnants : d'un côté, le Palais présidentiel flanqué de miradors d'où s'échappent les nez longs, noirs et luisants des armes pointées vers le ciel, de l'autre le port de Saigon où des bâtiments de guerre clapotent à côté des navires marchands. Pour parfaire le tout, de hauts murs hérissés de barbelés ou de tessons de bouteille et deux énormes grilles en fer cadenassées en permanence la protègent du monde extérieur. Ils l'en isolent aussi, par la même occasion.

J'étais dans une prison.

Je ne sentais pas encore le souffle de la rivière par-dessus les clôtures, à ce moment-là. Je n'entendais pas encore les oiseaux chanter dans les arbres. Je ne voyais pas encore les papillons voleter de fleur en fleur. Je ne percevais pas encore la raison pour laquelle Maman m'avait mise là, dans un univers dont l'hostilité m'avait paru immédiate, flagrante et sans remède.

J'étais en prison.

Le soleil se levait, se couchait, indifférent. La nuit, je n'arrêtais pas de mourir en pensant à Cap-Saint-Jacques, à sa mer et à ses montagnes, et sans la journée cadeau du ciel, je ne serais sans doute plus là pour raconter l'immense peine.

C'était un dimanche, le deuxième après mon arrivée, exactement : on n'oublie pas le jour le plus noir de sa vie ! J'aurais bien aimé, pourtant, et effacer de ma mémoire l'image de cette petite fille debout au milieu de cette grande cour vide. Mais je n'y suis jamais arrivée et rien ne s'est effacé.

L'attente, la déception. Le désespoir, la solitude : Maman n'était pas venue me chercher. À peine deux semaines après m'avoir déposée dans mon nouveau pensionnat, elle m'avait déjà oubliée. J'étais abandonnée par le monde entier.

Ô ciel ! Comment une telle tristesse peut-elle exister ?

Après une sieste où je n'avais pas dormi, j'ai erré entre des allées où ne retentissait aucun cri, aucun rire. Le soleil n'arrivait pas à me brûler. Mon chagrin était plus fort que sa morsure.

Sur le ciment de la cour, des lignes et des traits de différentes couleurs servaient de repères aux jeux de ballon. Un grand cercle jaune vif était peint en plein milieu, à l'usage des leçons de gymnastique. Il m'attirait : là je pouvais me rendre visible de tous et de tout, là je pouvais réveiller l'Univers. J'y suis allée. Debout au cœur de ce soleil, j'ai attendu. Autant frapper à la porte d'un sourd-muet aveugle.

J'ai quitté la cour pour la grotte. Assise sur le banc, face à Marie, j'ai médité sur mon infortune.

Maman citait souvent un proverbe qui disait : « *Truoc la sau quen* », que je traduis par : « Ne fuis pas l'inconnu, apprivoise-le ». Il chantait dans ma tête comme un refrain, tel un espoir. De toute façon, quel choix me restait-il ?

J'ai abandonné le doux visage de Marie, ses bras qui s'ouvraient pour rien et, la tête levée, j'ai regardé les nuages, humé le vent de la rivière toute proche (comme la plupart des rivières du Viêt-Nam, celle de Saigon est un affluent du Mékong, disait Maman pendant notre promenade sur le port, le jour de mon inscription ; elle a ensuite précisé que le Mékong est un fleuve très puissant, qu'avec ses quatre mille kilomètres, il est le douzième du monde, qu'il vient de très loin et de très haut puisqu'il naît dans les hauts plateaux du Tibet et voyage à travers cinq pays avant d'arriver dans le nôtre, et, enfin, que nous lui devons beaucoup car son delta est notre grenier à riz). Je me suis penchée pour ramasser dix feuilles moites que j'ai étalées côte à côte sur ma jupe, puis je me suis mise à respirer très fort, en enlevant une feuille à chaque expiration. Ensuite, je me suis levée pour aller « apprivoiser ».

L'après-midi battait son plein. L'air croustillait plus que jamais sous le soleil. Et toujours pas une âme.

J'ai commencé par l'endroit que je connaissais le mieux : le bâtiment des primaires qui abrite également les parties communes du pensionnat (le réfectoire sur une partie du rez-de-chaussée et le dortoir sur tout le troisième et dernier étage).

D'une véranda à l'autre, des tableaux noirs, des estrades, des pupitres, des bancs, et puis des tableaux noirs, des estrades, des pupitres, des bancs.

Sauf dans ce local-là ! Étroit, long, secret, mystérieux. Tout le contraire de ses voisins. Je me suis arrêtée, intriguée.

Un chatoiement brun et chaud illuminait doucement l'intérieur. Une faible odeur de cire flottait à l'entrée. Il ne m'en fallait pas plus. J'ai franchi le seuil et, aussitôt, mes lèvres se sont arrondies, mes yeux écarquillés : jamais, de ma vie entière, je n'avais vu autant de livres ! À l'abri dans les vitrines ou à découvert sur les rayonnages, vêtus de cuir ou de carton, ils s'alignaient sans fin, de haut en bas, de gauche à droite, devant, derrière : le bois tapissait les murs et les livres tapissaient le bois, tout simplement. Debout au milieu, entourée de silence, j'avais l'impression que le temps était parti s'égoutter ailleurs. L'auvent arrêtait vite les pas du soleil et ménageait à l'intérieur de la pièce un clair-obscur qui rendait son atmosphère étrangement immobile, tranquille, paisible. Semblable à celle d'un temple sacré dont les fidèles auraient remplacé les statues par des livres.

Doucement, pour ne pas déranger, je me suis approchée d'une étagère et me suis perdue dans la contemplation des ouvrages. Richement ornementés ou modestement habillés, ils me fascinaient tous. Que de mots couchés sur ces pages ! Et quelle patience de la part de ceux qui les avaient écrits ! Que pouvaient-ils bien raconter ? J'étais seule et entourée de silence mais, par je ne sais quel enchantement, ne ressentais aucun sentiment de solitude. Par leur immobilité même, ces livres étaient une présence.

Je m'extasiais toujours lorsqu'une voix s'est élevée derrière moi :

– Bonjour ma fille. Je suis Sœur Thérèse et je préside aux destinées de cette bibliothèque.

Quelqu'un venait d'arriver et me parlait. Pour toute réponse, je me suis exclamée, sans changer de position :

– *Nhiêu sach qua xa !*

Je me suis retournée ensuite et me suis aperçu que la religieuse en face de moi était une Française.

– Il y a beaucoup de livres, dis-tu ? Sache que ce n'est rien ici, rien, comparé à d'autres bibliothèques. Une goutte d'eau dans la mer ! Un grain de sable dans le désert ! Une étoile dans la Voie lactée !

J'étais abasourdie : elle avait dit tout ça en vietnamien, et à la façon des Vietnamiens : dans une envolée de ton, de manche et d'exagération ! Elle a ri.

– Arrête de me fixer comme ça, avec tes grands yeux noirs ! Je parie que tu es nouvelle et que tu n'es pas française d'origine, que le français, pour toi, c'est du charabia, tout comme le vietnamien l'a été pour moi quand j'ai débarqué dans ton pays. Que veux-tu, il faut se lancer et s'accrocher. Mais tu as de la chance car, ici, tu n'as pas le choix : c'est parler en français ou se taire. Tu n'as pas l'intention de te taire, par hasard ?

Tandis que de sa bouche s'écoulait ce flot de paroles, son regard pétillait de malice derrière les verres de ses lunettes. Je suis restée sans voix, de plus en plus médusée.

Après cette entrée en matière théâtrale, elle a tiré une chaise et m'en a montré une autre.

– Asseyons-nous et dis-moi quel âge tu as et comment tu t'appelles.

– J'ai huit ans et je m'appelle Claire Tuyêt.

– Je t'appellerai Claire, c'est tout aussi joli que Tuyêt.

Elle a posé sa main sur la mienne.

– Dorénavant, Claire, je te parlerai en français et tu me répondras aussi en français. D'accord ? Ah, j'oublie, je tutoie les élèves. D'accord aussi ?

– *Da.* Oui Ma Sœur, ai-je répondu, toujours subjuguée.

– Pour commencer, l'endroit où tu te trouves s'appelle une bibliothèque. Je vais te la définir, c'est-à-dire t'expliquer à quoi elle sert. Je parlerai lentement et tu as le droit de me poser des questions chaque fois que tu ne comprendras pas, en français bien entendu. On y va ?

Je l'ai écoutée, et tout ce que j'ai compris, c'était que je pourrais toucher ses livres.

– Dis-moi, Claire, est-ce que tu aimes lire ? a-t-elle demandé, une fois la définition donnée.

J'ai cherché mes mots et mis une éternité pour lui expliquer que je ne savais pas encore mais que je voudrais bien essayer.

– Excellente décision que voilà ! Je t'aiderai. À part quelques-uns en anglais, tous mes livres sont en français. Tant mieux pour toi, remarque, puisque tu as encore des progrès à faire dans cette langue qui, ne l'oublie pas, est obligatoire dans cette école. Tiens, en voici quelques-uns.

J'avais commencé à étudier le français chez les Sœurs de Béthanie et, même si je le baragouinais à peine, je pouvais déjà le lire ou, plutôt, le déchiffrer. Les livres que me donnait Sœur Thérèse étaient des albums conçus pour mon âge. Je les ai d'abord feuilletés un instant, avant de me lancer dans leur lecture. Les mots dont le sens m'échappait, je les sautais pour aller plus vite, impatiente de découvrir la fin de l'histoire. Sœur Thérèse s'en apercevait mais elle me laissait faire. Ainsi, cahin-caha et en m'aidant des images, j'ai vécu des aventures qui arrivaient aux enfants d'ailleurs.

L'après-midi a passé légèrement, si légèrement que je ne m'en suis pas rendu compte. L'angélus a sonné. Sœur Thérèse s'en est allée assister à l'office du soir. Avant de partir, elle a déclaré que je pouvais revenir aussi souvent que je voulais.

Voilà comment, par la magie d'une rencontre, un matin morose s'est mué en soir radieux. Cette nuit-là, je ne mourais plus. Dans mon sommeil, je jouais avec des enfants aux yeux bleus et aux cheveux dorés.

J'ignorais que la suite allait être encore plus merveilleuse.

Les livres étaient à emprunter et coûtaient deux piastres chacun. Mon argent de poche s'y engouffrait et s'épuisait rapidement car Maman ne venait pas souvent me chercher et je passais le temps à regarder les nuages et à lire. À dévorer, plutôt, ces mots qui me livraient peu à peu leur sens. J'étais affamée !

Quand mes poches étaient vides, je faisais ceinture ; lorsqu'elles se regarnissaient, je m'empiffrais, alternant ainsi disparitions et réapparitions. Le manège n'avait pas échappé à Sœur Thérèse. Lorsque j'ai refait surface pour la énième fois, ce jour-là, son sourire d'accueil coutumier s'est teinté d'un certain mystère.

– Eh bien, ma fille, où es-tu passée ces derniers temps ? Cela fait bien deux semaines, non ? ou trois ? Tu es fatiguée de lire ?

J'ai secoué la tête tout en rougissant. Elle a tiré gentiment sur ma natte.

– Viens t'asseoir près de moi, on va un peu bavarder.

Nous avons pris place à sa grande table encombrée de papiers et de fiches.

– Claire, tu aimes lire, je le sais, et je n'ai pas envie que tu arrêtes.

J'ai touché les piastres dans ma poche.

– Je ne vais pas arrêter, Ma Sœur.

Elle m'a examinée un instant avant de reprendre :

– On se connaît bien toi et moi, n'est-ce pas ?

J'ai hoché la tête.

– Alors, n'y allons pas par quatre chemins. Tu lis beaucoup et cela te coûte des sous, j'ai beaucoup de livres et cela me coûte du temps. Tu me donnes un peu de ton temps et je te laisse lire en gardant tes sous. Autrement dit, on fait un marché : ton temps contre mes livres.

C'était long et compliqué. Malgré mes progrès, j'étais dépassée.

– Autrement dit encore, a-t-elle poursuivi avec entrain, tu pourras lire sans payer et, en échange, tu m'aideras de temps en temps à classer les fiches. Qu'en penses-tu ?

Là, j'ai compris. J'ai néanmoins sorti l'argent de ma poche.

– Aujourd'hui, je peux payer.

Elle m'a coupée :

– Si tu acceptes le marché, il sera valable tout de suite, ce qui veut dire qu'à compter de cette seconde, cela ne te coûtera rien pour lire. Alors ?

J'ai fixé le bout de mes chaussures.

– Serais-tu gênée que tu aurais vraiment tort. Tout travail mérite salaire. Tu travailles pour moi ? Alors je te paie. Mais comme je n'ai pas de sous, je le ferai avec mes livres. C'est aussi simple que ça !

Je me suis dandinée sur mes jambes.

– Oh, tu ne dois pas répondre tout de suite, tu sais, il n'y a pas le feu. Si tu veux réfléchir encore…

– J'ai réfléchi, Sœur Thérèse, et j'accepte.

– À la bonne heure, ma fille !

Mais ce n'était pas encore fini. L'enchantement continuait.

Alors que, selon le marché, je devais aider Sœur Thérèse à classer ses fiches, en réalité, je ne classais rien du tout et lisais autant que je voulais. « Oh ! disait-elle quand je me présentais pour travailler, il n'y a pas grand-chose à faire aujourd'hui. Tiens, si on bavardait un peu ? » Et elle parlait, et elle me faisait parler, de plus en plus. « Pratique, ma fille, pratique ! » répétait-elle. Elle m'expliquait les mots que je ne comprenais pas, corrigeait mon accent, rectifiait ma prononciation, m'apprenait à utiliser un dictionnaire. Elle était devenue mon meilleur professeur de français, tout simplement.

Deux ans après, cela continue. J'ai toujours un endroit où aller quand je me sens seule et je commence à lire des livres destinés aux enfants plus âgés que moi.

Voilà toute l'histoire.

Que la personne qui y voit l'ombre d'une risette ou d'une courbette de ma part lève le doigt. Même avec la plus grosse loupe du monde, elle n'y parviendra pas, et la seule chose qui devra lui sauter aux yeux – la première taupe venue le lui dira –, c'est la gentillesse de Sœur Thérèse. Et il faudrait être bête comme la dernière des oies pour ne pas comprendre qu'une telle gentillesse mérite en retour reconnaissance et affection.

Ragaillardie de me voir blanche comme neige, je tire sur mes jambes ankylosées : la Pauline-Cèpamôa, elle peut « remballer » ses insinuations et ses mensonges et « aller voir ailleurs si j'y suis » ! Je pouffe : il m'arrive de promener un œil dans les livres ramenés par les grandes et d'y trouver des expressions bizarres que je montre à Sœur Thérèse pour qu'elle m'explique, ce qu'elle fait volontiers tout en me recommandant de faire attention car certaines ne sont pas très polies. Mais avec quelqu'un qui me traite injustement de menteuse, « je vais m'gêner ! ». Oh là là ! c'est trop drôle. Je me tords de rire et ris toujours quand l'Autorité passe la tête :

– Eh bien, je vois que cela vous amuse d'aller au coin, Mademoiselle. Venez avec moi maintenant, vous allez m'aider.

Ah bon, l'étude est finie ? Depuis quand ?

L'Autorité est pressée : Dupont est arraché sans ménagement de son sommeil et La Castafiore connaît le même sort, qui me choit brutalement dans la main. Je la brandis comme un trophée : après cette séance de méditation forcée, plus question de me laisser intimider par qui que ce soit ; demain, j'irai demander une enveloppe à Sœur Thérèse. Quant à la lettre, je la terminerai quoi qu'il advienne. Mes doigts ébouriffent joyeusement les boucles : « Fini de dormir, ma belle, au travail ! » Nous époussetons, à tour de bras et de plumes.

Penchée sur mon cahier, je tire la langue :

« Monsieur le journaliste,

Je n'ai pas pu continuer ma lettre parce que j'ai dû faire des lignes et aussi aller au coin. Je dois la terminer aujourd'hui pour pouvoir la donner à Chi Hai (c'est notre cuisinière, celle qui a cassé les œufs le jour de la bombe, vous vous rappelez ?) qui viendra peut-être me voir demain, dimanche, et qui pourra la poster pour moi.

Cette fois-ci, je n'ai pas peur de me faire attraper en vous écrivant (parce c'est quelque chose qu'on ne peut pas faire) : la maîtresse était partie en me confiant la classe. Elle avait écrit le sujet de la composition au tableau qu'elle avait ensuite refermé, mais elle avait quand même peur que quelqu'un vienne l'ouvrir et regarder, alors elle m'a appelée pour le surveiller. Elle m'a dit qu'elle reviendrait dans une demi-heure. Je prie pour qu'elle soit en retard.

J'ai des choses importantes à vous dire.

D'abord, je n'ai pas pu vous trouver un nom. D'habitude, les idées me viennent très vite, mais avec vous, c'est plus difficile. J'aimerais quelque chose qui soit à la fois beau et original, un peu comme la façon dont je vous ai rencontré. Je continue quand même à chercher, surtout la nuit, dans mon lit.

Ensuite, je connais beaucoup de choses au sujet de votre pays, maintenant. C'est grâce à Sœur Thérèse. Elle est française et s'occupe de la bibliothèque de l'école. Elle est très gentille avec moi et je l'aime beaucoup. Elle est contente que je lise ses livres et comme j'en lis assez bien, elle ne me fait pas payer pour que je puisse garder mon argent et acheter des images ou des friandises. Elle m'apprend aussi le « beau français ».

J'ai été la voir tout à l'heure et je lui ai demandé de me parler de la France, puisque c'est votre pays. On a regardé sur de grandes cartes et dans des livres aussi. Je ne peux pas vous dire quoi ici car j'ai déjà oublié, vu que c'est la première fois, mais je retournerai. Je me rappelle seulement que la France est très loin du Viêt-Nam et qu'elle est très belle. Sœur Thérèse m'a dit que le Viêt-Nam est très beau aussi, avec des montagnes bleues, des rivières rouges, des mers turquoise et des rizières vertes. C'est bête que je ne puisse rien voir, puisque je suis pensionnaire. Quand je serai grande, je voyagerai.

J'ai failli parler de vous à Sœur Thérèse. Elle voulait savoir pourquoi tout à coup je m'intéressais si fort à la France. J'ai rougi et pendant tout un moment, je me suis demandé si je n'allais pas lui raconter mon secret. Elle ne me trahira jamais, c'est sûr. Finalement, je ne l'ai pas fait puisque je vous ai écrit, la dernière fois, que c'était un vrai secret. Alors, je lui ai dit que c'est parce que je voudrais aller étudier en France, quand je serai grande. Ce n'était pas un mensonge car j'ai vraiment envie de le faire. Elle a beaucoup ri et m'a assuré que j'ai encore tout le temps pour me préparer, au moins huit ans.

Voilà, il était important que je vous dise que j'ai été regarder votre pays sur les cartes et dans les livres, parce que cela prouve que je ne vous ai pas oublié.

Tuyêt

P.S. : Je me souviens maintenant. À Paris, qui est la capitale de la France, il y a une grande tour qui n'est pas ronde et qui s'appelle Eiffel, et aussi une rivière qui s'appelle Seine et qui est bordée de livres. »

Armée d'une gomme pour corriger les fautes, je relis rapidement la lettre, détache la double page centrale sur laquelle je l'ai écrite puis la replie soigneusement. Voilà, tout est prêt, il ne reste plus qu'à la glisser dans l'enveloppe.

L'enveloppe ? Je me fige soudain et me traite tout haut de bête et de tous ses synonymes : j'ai complètement oublié d'en demander une à Sœur Thérèse et maintenant elle n'est plus là et demain elle ne reviendra que dans l'après-midi !

Plus besoin de me tracasser pour l'enveloppe, plus besoin des services de Chi Hai, plus besoin de rien ni de personne ! Je jetterai moi-même la lettre dans la boîte : Maman est venue me chercher !

Avant d'aller à la maison, nous décidons de nous offrir une gâterie. Le cyclo-pousse nous dépose au Givral, un glacier-pâtissier. Maman commande un baba au rhum pour elle et une glace au *sâu riêng* pour moi.

Le *sâu riêng* est un fruit très spécial. D'abord, il ressemble à un hérisson vert sans tête parce que sa peau est verte et semée de piquants et qu'il n'a pas de tête puisque c'est un fruit. Ensuite son parfum très fort éloigne beaucoup de gens. Maman, par exemple, qui s'enfuit toujours quand j'en mange, dans une exclamation de dégoût :

– Ce fruit mérite vraiment son nom !

À chaque fois, je la poursuis dans toute la maison avec mon bol, en riant aux éclats.

– Ça veut dire quoi son nom, Maman ?

– Tu le sais bien !

– Dis-le moi encore, sinon je continue à te courir après.

– « Triste dans son coin ». Maintenant, éloigne-toi avec ton bol !

– Dis-moi d'abord pourquoi on l'appelle comme ça !

– Parce qu'il pique et sent mauvais.

– C'est pas vrai ! C'est pas vrai !

Je pioche dans ma coupe.

– C'est bon ? demande Maman.

– Oui. Tu ne t'enfuis pas ? je ris.

Elle agite la main devant son nez.

– Pouah ! Mais non, je plaisante : ainsi préparé, le *sâu riêng* ne sent pas trop.

Une idée me vient.

– Tu sais comment je vais l'appeler, cette glace ? Glace parfumée à la solitude.

Elle me regarde, déconcertée.

– Toi, il faut toujours que tu inventes un nom pour tout, fait-elle finalement.

Je me souviens qu'il m'en faut trouver un pour le journaliste.

Maman me considère d'un air pensif.

– Tu veux apprendre à jouer au piano, Tuyêt ?

Non. Je préfère écrire au journaliste. Je balance mes jambes et regarde dehors.

– Cela t'aiderait à passer le temps, au pensionnat. La Mère supérieure m'a dit que tu pourrais avoir des cours le samedi ou le dimanche. La musique est très importante, ma chérie. Elle empêche de se sentir seul, elle fait voyager…

– Les livres aussi !

– Bien sûr, mais on voyage différemment. Et puis, l'un n'empêche pas l'autre. Je vais t'inscrire. Tu vas voir, tu aimeras.

Ô Ciel ! Julie traîne les pieds en se rendant à ses leçons de piano !

Un homme pousse la porte. Long et décharné, les cheveux indisciplinés malgré la brillantine, la maigre moustache de travers, il affiche un air encore plus catastrophé que le mien (c'est décidé, je l'appellerai « Catastrophe » !). Il parcourt la salle du regard, nous aperçoit, se dirige rapidement vers notre table, salue Maman et s'installe à côté d'elle. Ils commencent à discuter. Sauvée, j'inspecte l'endroit.

Le Givral est situé sur la rue Tu-Do (rue de la Liberté), une des artères principales de la ville que beaucoup appellent encore Catinat, du nom laissé par les Français. Grâce à son emplacement, à ses gâteaux et à son climatiseur, il constitue un point chic de la ville où se donner rendez-vous, surtout en fin de semaine. À quelques pas et donnant dans la même rue se trouvent ses deux concurrents : le Café Brodard qui lui ressemble comme un jumeau, et la grande terrasse de l'Hôtel Continental meublée de grands sièges en rotin et surnommée depuis toujours « nid d'espions » parce qu'il y a toujours plein de messieurs avec des lunettes noires qui viennent y chuchoter sans arrêt, le visage caché derrière un journal pour qu'on ne les reconnaisse pas. Des écrivains étrangers s'y installent aussi en permanence et regardent passer la foule à longueur de journée, parce qu'ils ne savent pas quoi écrire.

Je reporte mon attention sur le Givral, plein comme un œuf. Beaucoup de jeunes amoureux. Également des Blancs, des Français pour la plupart, lesquels boivent aussi des bières 33. Mes yeux les scrutent discrètement. Fol et vain espoir : aucun n'est lui. J'ai envie de rentrer à la maison et de regarder par la fenêtre.

Que l'éternité est longue à passer. Enfin, Catastrophe prend congé de Maman. Je rentre mon cou dans mes épaules quand il passe sa main sur mes cheveux : « Tu es une petite fille très sage. » Sa voix est triste.

Le cyclo-pousse prend une direction bizarre, et Maman qui ne dit rien.

– Où on va, Maman ?

– Chez Tante Hinh.

Sans me laisser le temps pour rien du tout, elle poursuit :

– Quelque chose d'important vient d'arriver. Je dois aller voir des gens. Tu vas rester chez ta tante pendant ce temps.

C'est sûrement la faute à Catastrophe : il parlait en chuchotant et avait la tête d'un comploteur. De déception, je crie :

– Je ne veux pas aller chez Tante Hinh ! Je veux rentrer chez nous !

– Non, Tuyêt, tu ne peux pas rester toute seule.

– Mais il y a Chi Hai !

– Elle n'est pas là, elle est partie à la campagne voir sa fille.

Je suis effondrée. Pourquoi les choses ne vont jamais comme je veux ? Et pourtant, je ne veux rien, rien qu'aller à la maison. Cela fait longtemps. J'ai compté les dimanches. Trois, depuis la dernière fois. Maman me prend la main, je la retire.

– Ne sois pas fâchée, ma chérie. Chez Tante Hinh, tu pourras jouer avec tes cousins.

– Je déteste les cousins ! Ce sont des gamins !

– Mais ils ont ton âge !

– Ils sont bêtes. Ils m'appellent la Française et tirent tout le temps sur mes nattes. Je veux aller chez nous !

– Tuyêt, je te dis que ce n'est pas possible, alors, sois raisonnable.

Je déteste être raisonnable, j'en ai marre d'être raisonnable. Être raisonnable, c'est faire les caprices des grandes personnes. Si Maman a quelque chose d'important à faire, moi aussi ! Dans mon cartable, la lettre attend. Je le serre contre moi. Mon ventre a des crampes. La glace parfumée à la solitude me remonte à la bouche. J'ai envie d'être un *sâu riêng* et qu'on me laisse dans un coin.

Ils sont encore pires que d'habitude. Je les nomme les Affreux.

Ils me voient, laissent tout tomber et accourent, comme si le diable est à leurs trousses.

– Mais c'est la Française ! Ça fait longtemps qu'on n'a plus vu la Française ! Oh ! elle porte une robe toute blanche, hurlent-ils en bondissant sur leurs pieds, de vrais singes dansants.

Maman les gronde :

– Trung, Hung, calmez-vous ! Soyez gentils avec votre cousine !

Ils se déchaînent, ricanent.

– Cousine, cousine, comment on dit *xâu* en français ?

– Mochetés vous-mêmes ! je leur crie.

Ils se roulent par terre, me montrent du doigt, s'esclaffent :

– Mosté, mosté !

Dans ma prochaine vie, je serai un garçon et les étranglerai sans pitié.

Tante Hinh sort sur le perron, calme tant bien que mal ses garçons, écoute Maman d'un air distrait puis me prend la main et m'entraîne avec elle au salon.

Guitare s'y trouve. La mèche au front, la cigarette au coin des lèvres, les yeux mi-clos, il joue assis, en dodelinant du chef et en battant la mesure avec son pied. C'est l'accompagnateur de ma tante. À notre arrivée, il me sourit en contorsionnant la bouche pour empêcher sa cigarette de tomber puis entame les premières mesures d'une chanson qui tombait d'un arbre tout à l'heure, quand nous étions au Givral. Les samedis et les dimanches, les arbres chantent à travers des haut-parleurs accrochés dans leurs branches.

Debout, une partition dans la main gauche et l'index de la main droite crochetant l'espace en cadence avec le tempo, Tante Hinh guette le moment propice, prend une profonde inspiration et, dans l'instant qui suit, son salon devient une cathédrale. Je pose mon cartable, rassemble Vent autour de moi, me pelotonne dans un fauteuil et ferme les yeux.

La jeune sœur de Maman passe pour avoir l'une des plus belles voix, à la radio. Celle de Maman l'est aussi qui, jeune fille, chantait et jouait au Grand Théâtre de Hanoi. Néanmoins, les timbres des deux sœurs diffèrent : celui de Maman est grave et profond tandis que celui de Tante Hinh est clair et mélodieux. L'un fait penser aux montagnes qui bougent, l'autre évoque les ruisseaux au fil des galets. L'un me réveille, l'autre me berce. J'aime les écouter toutes les deux. C'est parfois beau à se faire grimper des fourmis dans le dos. Contrairement à ma tante cependant, Maman ne chante plus qu'à la maison, et de moins en moins. J'ai l'impression que sa vie lui prend tout son temps.

Déjà, les Affreux rappliquent.

– Tu viens jouer avec nous ? quémandent-ils, tout gentillets.

Je les ignore, me fais désirer assez longtemps pour prendre ma revanche et, enfin, consens.

Nous jouons aux billes dans la cour quand le portail s'ouvre sur Grand-Mère. Les cousins se précipitent, l'œil collé au sac qui pend à son bras. Elle m'aperçoit.

– Tiens, c'est ma petite Tuyêt ! Cela fait bien longtemps que je ne t'ai plus vue. Trung, Hung, voici vos gâteaux, et partagez-les avec votre cousine. Cette chaleur m'épuise. Je vais à l'intérieur.

Sous son chapeau conique, deux rigoles de sueur se fraient un chemin le long de ses tempes. Elle a l'air fatiguée, en effet. Je laisse les friandises aux garçons et la suis.

Tante Hinh lève la tête de ses feuillets en nous voyant arriver.

– Ah, te voilà revenue de la messe, Mère. Justement, nous avons fini… Qu'y a-t-il ? Tu as l'air soucieuse. D'ailleurs, ne rentres-tu pas plus tôt, d'habitude ?

Grand-Mère ne dit rien, se laisse choir dans un fauteuil, défait le bouton du col montant de son *ao dai*, ouvre son éventail et l'agite devant sa figure, le regard absent.

– Mère, qu'y a-t-il ? la relance ma tante, à présent inquiète.

Grand-mère déglutit :

– Ils persécutent les bonzes, à Hué. Je l'ai appris à l'église.

Tante Hinh pousse un « Oh ! », Guitare rattrape au vol sa cigarette. Tous deux s'approchent de Grand-Mère, la pressent de questions. Un brouhaha s'élève. L'oreille tendue, j'attrape des bribes et les assemble, cahin-caha : le président Diêm est un catholique ; il n'aime pas les bouddhistes qu'il accuse de vouloir semer le désordre dans le pays ; il leur avait défendu de pavoiser le jour de l'anniversaire du Bouddha mais les fidèles l'ont quand même fait, à Hué, alors il a envoyé sa police y saccager les pagodes et jeter des bonzes en prison, pour leur faire la leçon.

La mèche furieuse, les mots en cascade, Guitare se fâche, dans un nuage de fumée :

– Diêm n'est pas mauvais, c'est même un bon nationaliste, mais son entourage finira par le mettre dedans, je vous le dis ! Qu'a-t-il besoin de cette bande de parasites assoiffés de pouvoir, sa belle-sœur, l'horrible Madame Nhu, en tête ! Les étudiants, c'est sûr, vont descendre dans la rue : on est quand même bouddhistes à quatre-vingt-cinq pour cent dans ce pays, que je sache ! Les Américains vont intervenir, je vous en fiche mon billet !

Tante Hinh tantôt soupire tantôt claque la langue.

Grand-Mère se lamente :

– Comment Monseigneur Thuc n'est-il pas intervenu ? Comment a-t-il pu laisser son frère agir de la sorte ?

Je m'approche.

– C’est si grave, Grand-Mère ?

– Tu ne peux pas comprendre, ma petite fille.

Évidemment ! Comment le pourrais-je si personne jamais ne m’explique ?

Je n’aime pas cette matinée. Rien que des choses déplaisantes. Et Maman qui tarde à venir me rechercher. Maman ? Je me secoue comme un chien qui sort de l’eau : voilà pourquoi elle m’a déposée ici ! À cause de ce qui est arrivé aux bonzes, et c’est Catastrophe qui lui a appris la nouvelle, tout à l’heure. Je ne comprends pas tout mais je suis capable de sentir certaines choses.

Après le déjeuner, je me couche auprès de Grand-Mère pour la sieste.

C'est une fausse grand-mère car elle n'est pas la mère de Maman. Grand-Père avait deux épouses et Maman est née de la Première. Lorsqu'il a pris la Seconde, la Première lui a claqué la porte au nez et est partie vivre au Laos, laissant derrière elle deux enfants en bas âge, Maman et Tante Hinh. La Seconde les a adoptées et aimées tout autant que les siens, au nombre de quatre. Elle est ainsi devenue ma grand-mère maternelle par adoption et je l'adore car elle a tout rond : le visage, le corps, le cœur. Un jour, je lui ai déclaré solennellement que je l'appellerais désormais Fleur de Nacre. Elle a trouvé ça très joli et m'a demandé pourquoi. Je lui ai répondu que c'était parce qu'elle ne chiquait pas le bétel et ne se teignait pas les dents en noir et que, quand elle souriait, sa bouche ressemblait à une fleur ornée de pétales nacrés. Elle a ri et m'a dit qu'elle acceptait, mais que cela devait rester entre nous.

– Tu dors, Fleur de Nacre ?

– Non, ma petite Tuyêt.

– Tu ne veux pas me raconter mon histoire ?

– Mais tu la connais ! Je te l'ai déjà si souvent racontée !

– Ça ne fait rien. Fais-le encore, comme si c'était la première fois.

« Il était une fois, un homme et une femme. Ils étaient jeunes, beaux et artistes. Ils se rencontrèrent sur les planches du Grand Théâtre de Hanoi, s'aimèrent et s'épousèrent. La femme attendit un bébé. À l'approche du terme, ils décidèrent qu'elle reviendrait accoucher dans la maison de son père, à la campagne. À cause de la guerre, les routes n'étaient pas sûres. Ils durent emprunter des chemins cachés, marchèrent pendant longtemps, franchirent des collines, traversèrent des rivières. Quand enfin ils arrivèrent, le bébé, harassé par le dur périple, frappa fort pour sortir. On poussa des cris, on s'élança sur les routes du village à la recherche de la sage-femme. Le bébé n'eut cure de toute cette agitation et frappa de plus belle. Le futur grand-père ordonna qu'on mît de l'eau à bouillir et qu'on préparât du linge propre. Il retroussa ensuite ses manches, s'arrosa les bras d'alcool et s'en fut chercher son petit-enfant. C'était une fille. Ses parents la prénommèrent Tuyêt.

Quelques mois après la naissance de Tuyêt, ses parents rejoignirent la Résistance, c'est-à-dire tous ceux qui luttaient pour reprendre l'indépendance de leur pays à la France. Ils prirent leur bébé sous le bras et s'enfoncèrent dans la forêt. On dit qu'ils prennent le maquis et ainsi les appelle-t-on : des maquisards.

Ces soldats ont une façon particulière de se battre : habillés de noir pour se confondre avec l'ombre de la forêt, ils ne surgissent que pour frapper puis disparaissent aussitôt. Ils sont obligés de se déplacer sans cesse afin de ne pas être localisés par l'ennemi. On dit qu'ils sont partout et nulle part. Et quand ils sortent du maquis et se mêlent au reste de la population, il est impossible à l'ennemi de savoir qui est qui puisque ce sont tous des Vietnamiens, et on ne peut quand même pas tuer tous les Vietnamiens pour être sûr de les avoir tués, eux ! Pour cette raison, il est très difficile de les vaincre.

Leur vie reste néanmoins très dangereuse. Tuyêt la partagea pendant plusieurs mois, puis ses parents décidèrent qu'elle retournerait à Hanoi avec sa mère, pour sa propre sécurité ainsi que pour celle des combattants que ses pleurs intempestifs risquaient de trahir. »

Fleur de Nacre se tait. Les yeux au plafond, je demande :

– Et mon père ? Qu'est-il devenu ?

Elle soupire. Je sais que je repose toujours les mêmes questions, mais je ne peux pas m'en empêcher.

– Il est resté dans la forêt. Il était très important pour lui de continuer à se battre pour son pays.

– Il est mort ?

– On le dit, mais personne n'en est sûr.

– Chaque fois que Maman remplit les papiers pour l'école, elle écrit dans la case de mon père : « décédé ». Je sais que c'est un autre mot pour « mort ».

Fleur de Nacre ne dit rien. Elle attend. Elle sait que je lui parlerai de la photo. Je lui en parle, à chaque fois.

– Elle m'a aussi montré une photo de lui.

C'est une photo en noir et blanc, aux bords crantés. On y voit un groupe de jeunes gens en pyjama noir, les uns debout, les autres assis, pieds nus, fusils en bandoulière et sourire aux lèvres. Mon père est au premier rang. Accroupi au milieu du groupe, il gratte une guitare. Chantait-il ? Riait-il ? Sa bouche joyeusement ouverte le laisse supposer. Je l'ai examiné attentivement et trouvé qu'il était très beau : les traits réguliers, les grands yeux aux prunelles sombres et surmontés de sourcils bien dessinés, le nez fin, les lèvres pleines et ourlées, les cheveux épais et ondulés.

Il fait penser à Oncle Son, qui a aussi une guitare, qui rit beaucoup et qui me promène sur son Vélosolex. Cramponnée au guidon, visage au vent, je l'encourage en riant aux éclats : « Plus vite, Tonton Son, plus vite ! ».

Oncle Son est le plus jeune frère de Maman. Il n'a pas encore vingt ans. Il n'a pas non plus de papa.

Son papa est mon grand-père, l'homme qui m'a accouchée.

Grand-père est mort, on ne sait pas trop pourquoi, même si on sait comment. Fleur de Nacre m'a aussi tout raconté mais s'agissant de l'homme qu'elle a aimé, je n'ai jamais osé lui demander de me répéter l'histoire. Elle n'avait pas pleuré sur le moment, pourtant, mais cela ne veut rien dire : ses yeux étaient très loin et ses mains tremblaient de temps en temps, sur le satin noir de son pantalon. Ça doit être très difficile de ne pas savoir par qui quelqu'un que l'on aime a été tué.

Un matin, Grand-Père disparut de sa maison, celle où je suis née. On passa le village et les alentours au peigne fin pour le retrouver, sans résultat. Fleur de Nacre fit alors parvenir la nouvelle à Maman qui était rentrée du maquis et vivait à Hanoi, avec moi. Maman retourna au village et relança les recherches. Après deux jours de battue, on retrouva Grand-Père en haut d'une colline : il pendait par les pieds, les mains liées dans le dos, un bandeau sur les yeux et un trou dans la poitrine. La guerre était partout. Les villes brûlaient et la campagne brûlait aussi, et au milieu de ce gigantesque brasier, tout le monde se battait contre tout le monde : les Vietnamiens contre les Français, les Français contre les Vietnamiens et les Vietnamiens entre eux. Alors, on a enterré Grand-Père sans savoir qui l'avait tué. Ni pourquoi. Plus tard. Peut-être.

– Essayons de dormir, dit Fleur de Nacre.

À notre réveil, Tante Hinh est sortie avec les cousins et leur papa. Je traîne un peu, puis Maman arrive. Le front courroucé, elle parle avec Grand-Mère. « *Chinh-phu ngu-dân !* Imbécile de gouvernement ! » s'emporte-t-elle plusieurs fois. Dans le cyclo-pousse, elle me demande si je veux aller au cinéma. Je lui rappelle que le pensionnat ferme sa grille à cinq heures et demie. Elle me caresse la joue et me dit qu'elle me ramènera demain matin, avec un mot pour la Mère supérieure. Je me serre contre elle.

On choisit un film avec Fernandel et une vache. Maman se lève pendant que passe l'hymne national. Le regard fixé sur l'écran où flotte notre drapeau aux trois bandes horizontales rouges (« Elles représentent les trois régions de notre pays, Tuyêt : le Nord, le Centre, le Sud ») sur fond jaune (« La couleur de notre peau, ma chérie »), elle chante en silence son amour pour la Patrie. Elle se rassied quand vient le tour d'une chanson qui dit « Gloire-et-longue-vie-au-président-Ngô-à-lui-va-notre-reconnaissance-éternelle », en tirant sur Vent pour que je fasse comme elle. Je suis un peu gênée parce que tous les autres restent debout. Viennent ensuite les actualités que je regarde d'un œil et comprends d'une oreille. Enfin, le film commence ! Fernandel me fait tout oublier, mes espoirs comme mes chagrins : qu'il grimace à droite, à gauche ou au milieu, je tressaute sur mon siège, hilare.

Maman m'emmène ensuite manger un *pho*, notre soupe nationale, mon plat préféré. Je jette plein de petites herbes odorantes dans mon bol et les regarde se noyer dans le liquide brûlant. Une fois ramollis, menthe, coriandre, basilic et autres pousses cèdent leur parfum au bouillon. Se dégage alors un arôme qui m'emplit de béatitude : la tête inclinée, les narines gonflées, je hume, hume.

À la sortie du restaurant, Maman prend mon cartable et, main dans la main, nous rentrons à pied.

Le soir tombe, doucement. Le soleil descend sur les toits, rouge d'avoir tant lui toute la journée. La peau du ciel, striée çà et là par des rubans de nuage aux allures de ceintures de fée, glisse lentement du rose au mauve, s'accroche au bleu indigo et sombre finalement dans la douleur de l'obscurité. Les humains n'aiment pas les ténèbres. Celles de l'univers les effraient, celles de leurs pensées les angoissent. La nuit se troue ainsi de lumières artificielles. Blafardes comme les joues d'une concubine délaissée ou chaudes comme les étreintes heureuses, elles prétendent abolir les frontières de l'inéluctable. L'instant m'émeut et me rappelle les paroles chantées par Tante Hinh. Tendres et cruelles, elles scandent mes pas. Plaisir d'aimer, douleur de perdre. Où est le sens, dans tout cela ? Certains mots, je ne les comprends pas. Celui-là, surtout, qui revient si souvent, peu importe le propos : Destin.

« Le Destin, mon Aimée,
A empêché un pont de se bâtir entre nous.
Puisse-t-il un jour être clément assez
Pour que franchissant montagnes et rivières
Déjouant orage et misère
Nos pas se rejoignent et ne fassent qu'un
Et que nos tourments prennent fin. »

« Enfants du Viêt-Nam
Descendants du Dragon céleste
Riches de quatre mille ans de civilisation

Le Destin nous est contraire
Unis nous le vaincrons
Et parviendrons au Pays de la Paix. »

Qui est-il, ce personnage omniprésent ? cet être mystérieux et puissant, détenteur et dispensateur de nos joies et peines ?

Fleur de Nacre m'explique que, pour ceux qui y croient, c'est le Souffle qui oriente la vie et contre lequel on ne peut rien car il est écrit dans le Ciel. Mais elle n'y croit pas. Elle croit en Dieu.

Chi Hai dit la même chose en soupirant, sauf qu'elle croit au Bouddha.

Maman, elle, est expéditive :

– Le Destin n'existe pas ! Dieu ? Non plus ! Quant au Bouddha, il n'est ni destin, ni dieu, ni esprit quelconque, mais un être humain comme nous, un homme qui a vraiment existé et qui est considéré par beaucoup comme un sage.

– En quoi faut-il croire, alors ?

– En toi, Tuyêt, en toi !

Maman parle toujours d'une façon énigmatique. Un sage ! Croire en moi ! Je n'ai pas insisté, pour ne pas avoir affaire à Plus Tard. Quant au destin et au dieu de Fleur de Nacre – le même que celui des sœurs puisqu'elle va à l'église –, c'est du pareil au même. D'un côté, ça souffle et on courbe la tête, de l'autre, on implore Que-votre-volonté-soit-faite. Où je suis, là-dedans ? À choisir, je préfère encore le Destin. On pourrait lui attribuer n'importe quoi, le rendre responsable de tout. Quand les choses se passent bien, on l'oublie. Quand elles tournent mal, on l'exhibe et on l'accable. Avec le Destin, on n'est jamais coupable, alors qu'avec Dieu, on se frappe toujours la poitrine : « C'est ma faute, c'est ma faute, c'est ma plus grande faute ». C'est ça, la différence.

À la maison, Maman se met à son bureau. Enfoncée dans un coin du canapé, je regarde à la dérobée les soucis de son visage, la fatigue de ses traits et sa plume qui crisse sur le papier.

Maman ne me raconte rien ni sur elle ni sur moi, ou si peu. Tout ce que je sais, je le tiens de Fleur de Nacre ou d'avoir tendu l'oreille quand les grandes personnes discutaient.

J'ai trois tantes et deux oncles. Les femmes sont mariées et ont des enfants, les hommes sont célibataires. Aux événements importants – cérémonies du culte des ancêtres, Fête du printemps, réjouissances du Têt, le nouvel an lunaire –, tout le monde se réunit, avec Fleur de Nacre au milieu.

À chaque fois, je suis dans tous mes états, courant et caquetant d'un coin à l'autre, me précipitant sur un cousin aussitôt abandonné pour une cousine, et je te ci, et tu me ça, une vraie poule sur le point de pondre, kak ! kak ! kak ! se moque Oncle Son. Je le poursuis en riant aux éclats, le bourrant de coups de poing où je peux, lui demandant mille fois s'il sait ce que ça veut dire d'être enfermé les trois quarts de l'année, ne lâchant prise que quand, les bras levés, il se rend.

Mais ce n'est pas tout : la maison embaume d'effluves à réveiller un moine qui dort, la table croule sous des plats à faire saliver tous les enfants de la terre. Oooh ! C'est magique ! Pas question de se précipiter tête baissée et bouche ouverte, cependant. Il faut s'armer de patience et attendre que les ancêtres soient servis et honorés : on dispose sur l'autel de la nourriture fumante, de l'alcool de riz, des fruits, des gâteaux ; ensuite, à la queue leu

leu, petits et grands enflamment un bâton d'encens et s'inclinent. Après, seulement, on s'assoit pour le repas, puis les enfants vont jouer et les adultes discutent.

C'est toujours la même chose. Tôt ou tard, qu'il pleuve ou qu'il vente, ils évoquent les Années dans le Nord et, dans l'atmosphère parfumée d'encens, ils s'en retournent ensemble là-bas, là-haut, là où ils sont nés.

Oh ! que tu es loin, Hanoi ! Les saules inclinent-ils toujours leur tête au vent et pleurent-ils toujours au bord de tes lacs ? Les amoureux se promènent-ils toujours à l'ombre des tes flamboyants, yeux dans les yeux sûrement, mais mains osant à peine se frôler ? Les écolières de blanc vêtues rient-elle encore en sautillant dans tes rues et en balançant leur cartable au bout de leur bras ? Les femmes continuent-elles à acheter de la soie rue de la Soie, et les hommes leurs chaussures rue des Chaussures ? Parce que, dis-nous, ton quartier des Corporations aux trente-six rues a-t-il gardé son animation d'autrefois ?

Et ainsi s'en vont-ils, du Hô Hoan Kiem et sa légende de l'Épée restituée au Hô Tây, le lac de l'Ouest dont la beauté romantique séduit le poète et piège les âmes esseulées, en passant par le Chua Môt Côt, la pagode qui s'élève au-dessus de l'eau sur son pilier unique, telle la fleur de lotus s'épanouissant au bout de sa tige, le Temple de Jade auquel on accède par le pont du Soleil levant, douce et délicate courbure habillée de rouge, couleur à laquelle il doit son nom… et tant de choses dont se souvenir, et tant d'endroits à se rappeler. Et n'oublions pas, surtout, le Chua Huong, la pagode des Parfums aménagée dans une large grotte qu'on atteint après deux heures de montée sur un escalier abrupt taillé dans le roc, après une promenade en barque au cœur d'une vallée gardée par des montagnes d'un autre temps. Et la baie d'Along ! Vous n'avez pas parlé de la baie d'Along ! Sanctuaire des dieux avant d'être profanée par les mortels, les déesses drapées de nuages y descendirent laver leur longue chevelure, chanter et danser au son des cithares, vierges immaculées et éthérées dont la simple vue frappait de cécité l'œil violateur, avant de perdre l'impie dans le redoutable labyrinthe dessiné par ses milliers d'îles dont les silhouettes, par jour de brume, lorsque ciel et mer se confondent, semblent surgir, envoûtantes et fantomatiques, des profondeurs de l'éternité.

Çà et là, des traits aigus de bonheur les traversent, leur font oublier le présent, et ils ont de nouveau quinze, dix-huit, vingt ans, et ils rient comme des grands enfants, les hommes en se tapant sur les cuisses, les femmes en parant leur regard d'étoiles.

La journée s'en va sur la pointe des pieds. Sur l'autel, le riz a refroidi, les bâtonnets d'encens ne sont plus que cendres. Par la fenêtre, le ciel rougeoie puis bleuit. Ils ont fini.

Et ils sourient, d'un sourire incertain, mélancolique, celui qui étire nos lèvres lorsque nous disons au revoir à quelqu'un que nous aimons, avec beaucoup d'espoir mais sans grande illusion que notre vœu s'exaucera. Le *ngay xua*, l'autrefois, retourne à son sommeil, dans leur mémoire. Jusqu'à la prochaine fois.

Ils se raclent la gorge. Comment vont tes affaires ? La petite a-t-elle toujours sa méchante toux ? Voilà, ils sont revenus, à ici, à maintenant, à demain.

C'est le moment où Oncle Son les quitte pour rejoindre les petits. « Tu viens ? » me demande-t-il au passage. Je secoue vigoureusement la tête en silence, il hoche doucement la sienne et s'éloigne. Je me ramasse dans un coin, me rends invisible de Maman par crainte qu'elle me renvoie jouer plus loin. Car cet instant, je le guette, je l'attends : ils vont parler des uns et des autres, de celui-ci parfois, de celle-là peut-être, de Maman, toujours.

Alors leur ton change.

Qui est-elle ? Qu'a-t-elle fait pour qu'ils s'agitent autant sur leurs chaises ? pour que leurs bras se jettent dans l'air, s'y livrent à un ballet fou dont les figures emmêlées dessinent tout à la fois l'incompréhension, la réprobation, la compassion et, oui, l'admiration, cependant que de leur bouche sortent des choses étranges ?

Ils disent, par exemple, que plus grande est la beauté d'une femme, moins heureuse est sa vie, à cause de la jalousie des dieux. Ils disent que ceux-ci sont d'autant plus offensés qu'à la beauté s'ajoutent l'intelligence et le talent. Ils disent que leur colère peut alors être cruelle et leur châtiment, impitoyable. Et ils regardent Maman, et ils claquent la langue. Ils la claquent plusieurs fois, autant de fois qu'il leur faut pour traduire à sa juste mesure le châtiment impitoyable qui a frappé Maman, justement, et qui l'a rendue « telle qu'elle est ». Ils l'appellent « la Rançon ».

J'écoute autant que je peux et, peu à peu, d'une fête à l'autre, en m'appuyant sur ce que j'entends, en remontant le cours de l'Histoire, je me bâtis ma petite idée sur l'origine de la valise de Maman, celle qu'elle s'est fabriquée et a étiquetée le Reste : pour moi, il ne peut s'agir que de la Rançon, c'est-à-dire deux morts et un demi-mort. Et à défaut de claquer la langue comme les grands, je regarde les nuages et écoute le vent.

Le premier mort de Maman est, sans nul doute, son père.

Deuxième des quatre filles, Maman était l'enfant préféré de Grand-Père. Parce qu'elle témoignait d'une intelligence précoce, parce que ses garçons lui étaient nés sur le tard, il l'avait élevée comme le fils aîné de la famille, l'entretenant du monde et de ceux qui le peuplaient, partageant avec elle ses visions de la vie et des hommes. Ainsi devenue son disciple, son amie, sa confidente, elle lui avait voué en retour un amour proche de l'adoration. C'étaient ses yeux qui l'avaient découvert, en haut de la colline, ses mains qui l'avaient décroché de l'arbre, ses doigts qui avaient ôté le bandeau et lissé ses paupières, ses pas qui avaient guidé le cheval pour le ramener sur ses terres. À aucun instant, pourtant, elle n'avait pleuré. Aux funérailles, on avait vu ses poings se fermer, ses dents se serrer, et ses yeux tout secs. Et tout comme elle avait retrouvé le corps et organisé les obsèques, elle avait déterminé l'emplacement de la dernière demeure. Grand-Père repose maintenant dans une tombe bâtie à flanc de colline et orientée vers le fleuve Rouge, là où il venait prendre le frais lorsque le soleil devenait bas et adoucissait ses rais. Elle le savait. Elle l'y avait accompagné tant de fois. Je ne connais pas l'endroit, bien sûr, mais je peux l'imaginer. Encore un doux effort et je deviendrai Maman qui se souvient. Voilà, j'y suis : la chaleur est tombée, je gravis la pente à côté du père ; adossée à quelque bananier, comme lui, je vois l'horizon devenir pourpre ; je sens la brise du jour finissant me caresser le visage ; je l'entends flatter les plants de riz et les faire bruire en bas dans la vallée, où se détachent, sur le vert damier, les masses sombres des buffles qu'on rentre. Je respire la quiétude à jamais perdue, l'amour du père disparu. Et j'ai mal.

Le demi-mort de Maman est, bien sûr, son mari, mon père.

Nous l'avions quitté au seuil du maquis pour rentrer à Hanoi, Maman et moi. « Il faut penser à Tuyêt, avait-il dit, quelques jours auparavant. Il faut lui donner une chance de connaître la liberté pour laquelle nous nous battons, d'atteindre l'avenir que nous lui bâtissons. » Maman n'a pas répondu. Qu'y avait-il à répondre ? Alors, debout sur cette ligne si ténue qui marque la frontière entre la forêt et la plaine, entre l'ombre et le soleil, il nous a regardées nous éloigner, devenir petites, encore plus petites, puis réduites à un point, puis métamorphosées en rien. Il a commencé par donner de ses nouvelles à Maman, de temps en temps. Dans ses messages, il lui disait qu'il nous aimait toutes les deux et que nous lui manquions. Il lui disait : « Rappelle-toi ta promesse, ne m'attends pas. Si tu rencontres un homme bon avec toi et avec Tuyêt, épouse-le. » Puis il s'est tu. Et un jour, Maman a reçu une lettre où une écriture inconnue lui apprenait qu'il était « tombé pour la patrie », suivie d'une autre qui disait que ce n'était peut-être pas lui mais quelqu'un qui lui ressemblait. Puis, les nouvelles se sont taries. Et le Nord est devenu communiste, une trahison aux yeux de Maman qui est alors partie vivre dans le Sud, en même temps qu'un million d'autres personnes. Et maintenant, on ne sait pas si mon père est encore en vie ou déjà mort. Et on dit qu'il est mort parce que c'est plus simple, pour les papiers.

Et le second mort de Maman ?

Qui est-il ? Qui peut-il être ?

Ah ! Le second mort de Maman !

À Saigon, maman a continué ce qu'elle avait commencé à Hanoi, au retour du maquis, et qu'elle définissait par la formule « se battre avec sa plume ». Elle l'a fait avec des anciens amis du Nord qui pensaient comme elle et qu'elle avait retrouvés dans le Sud. Un homme du Centre, mandarin et grand ministre de l'empereur Bao-Dai, avait entendu parler d'elle, l'a invitée à une réception, est tombé amoureux de sa beauté et de son intelligence, l'a demandée en mariage. Elle a dit oui. Ils ont eu un fils. Je me souviens : il est très vite tombé malade, avec une boule grosse comme une pomme qui saillait, grotesque, d'un côté de son cou. Pour le guérir, mon beau-père s'est adressé aux meilleurs médecins locaux, a fait venir des spécialistes français de leur pays. Tous ont échoué : Thông-Anh est mort. Il avait à peine quatre ans et sa maladie s'appelle cancer de la gorge et tout ce que je me rappelle de ce petit frère qui a filé comme un météore dans ma vie, c'est la boule à son cou, c'est son regard triste. Maman a été très malheureuse et mon beau-père aussi, et c'était peut-être pour ça qu'ils se sont séparés. Maman est alors partie au Japon se reposer de sa douleur.

Le second mort de Maman est donc son fils. L'héritier. Mon frère.

Voilà pourquoi elle a fabriqué sa valise : pour y enfermer la Rançon, la triple vengeance des dieux. Ainsi n'en souffrirait-elle plus. Ainsi ne serait-elle plus assujettie à leurs pouvoirs. Ainsi deviendrait-elle libre.

La liberté est le dada de Maman. À l'entendre, il s'agit de la chose la plus importante de la terre ! Elle dit, par exemple, que le riz sert à nourrir le corps, le corps à abriter l'esprit, l'esprit à acquérir la liberté. Pas n'importe laquelle, la vraie, celle à l'origine de la mort de Grand-Père et de la demi-mort de mon père. Et qu'elle doit continuer la lutte, toute femme qu'elle est, et que le reste, elle le laisse à qui veut. Parce que, dit-elle, sans cette liberté-là, il n'y a pas de dignité, et sans dignité, que vaut une vie ?

Les autres appellent cela de l'orgueil. Leurs mots mis ensemble donnent à peu près ceci :

« Tu regardes trop haut. Père t'avait élevée comme un fils, on le sait, mais est-ce une raison pour vouloir, en plus, te rapprocher des dieux, car c'est ce que tu fais en voulant te hisser au-dessus de la vulnérabilité qui nous distingue et nous sépare d'eux. Ne sais-tu pas qu'elle nous protège aussi, par temps d'orage ? Qu'il est sage de courber la tête quand le souffle du vent devient trop violent ? Faiblesse que tout cela ! décrètes-tu, la voix sifflante, et tu t'agaces devant les chansons de sœur Hinh. Aimer, se déchirer, souffrir, qu'a-t-on besoin d'entendre de telles mièvreries, surtout en temps de guerre, quand il faut endurcir les esprits et non les ramollir ! Voilà ce que tu en dis ! Et celui-là, ce destin dont tu rejettes avec mépris l'existence, tu le blâmes sans façon, tu l'accuses de s'être trompé sur ton sexe et de t'avoir faite femme alors que, bien sûr, tu aurais dû être un homme et prétendre à ce que tu appelles les "exaltantes libertés réservées aux mâles seuls". »

Et ils claquent la langue : « Il y a trop d'orgueil en toi. C'est ce qui fait ton malheur. »

Maman reste de marbre à leurs tirades. Sa valise est bien verrouillée. Elle boit son thé pendant qu'ils lui racontent l'histoire de sa vie, sa vie qui est – elle le sait mieux qu'eux, tout de même ! – plus tragique que la leur, certes, mais combien plus exaltante, dès lors, combien plus riche, combien plus profonde. Elle redresse une fleur dans son vase quand ils lui attribuent l'orgueil pour la raison que, cette vie, elle veut plus que jamais la remplir avec autre chose que des sentiments « ordinaires », des projets « ordinaires ».

Elle laisse Fleur de Nacre parler à sa place, Fleur de Nacre qui intervient de temps en temps. Pour lui rappeler, doucement, que si la famille lui parle ainsi, c'est parce qu'elle l'aime ; pour lui assurer que tous se souviennent encore de la façon dont elle les a aidés à leur arrivée dans le Sud, d'abord en leur procurant abri et nourriture dans la vaste demeure de son époux, ensuite en les aidant à s'installer, ménage par ménage ; pour affirmer qu'elle les aide toujours puisque, dans des situations délicates, c'est encore vers elle qu'ils se tournent, en dernier ressort.

Maman ne rectifie ni n'approuve. Elle sourit à Fleur de Nacre, un sourire qui semble dire à tous : « Voilà à quoi sert l'orgueil que vous me trouvez. Oubliez le reste. » Elle sait qu'elle a beaucoup plus vécu que ses frères et sœurs et qu'il en sera toujours ainsi.

Je suis sûre qu'ils le savent, eux aussi, et qu'en dépit de tout ce qu'ils disent, ils l'admirent.

Moi, je ne sais pas ce qu'il faut faire : admirer Maman veut dire vouloir lui ressembler et son regard est parfois si tourmenté, mais je ne peux pas la plaindre non plus parce que cela signifie ne pas aimer être à sa place alors qu'elle est belle et intelligente. Mes idées sont très embrouillées là-dessus. Il y a de ces arbres qui, dans la forêt, dépassent leurs voisins en hauteur. Plus grands, ils reçoivent plus de soleil, plus de lumière, plus de chaleur, mais ce sont eux que le vent fouette avec le plus de violence, que la pluie fait le plus grelotter, que les orages touchent en premier. Dans la vie, faut-il être grand et s'exposer ? Vaut-il mieux être petit et se trouver à l'abri ? Je ne sais pas. Tout ce que je sais, c'est que je suis triste, de temps en temps, parce que et même si la famille n'y a jamais fait allusion – qu'elle l'ignore ou que cela lui paraisse de peu d'importance –, Maman a aussi mis dans sa valise autre chose : ce qui fait les vraies mamans. Celles qui embrassent, qui cajolent, qui couchent leurs enfants le soir avec une histoire, qui les réveillent le matin avec un câlin. Qui leur disent je t'aime. Comme dans les livres. Les mamans ordinaires ?

Mon petit frère l'avait-il senti, qui s'en est allé si tôt ? Moi, je me suis accrochée. Dans son ventre, dans sa vie. Je l'ai obligée à abandonner mon père et ses frères d'armes, à renoncer à venger son père assassiné. Est-ce qu'à présent je l'empêche d'être « libre » ?

Il fait noir dehors, depuis longtemps.

C'est une drôle de journée que celle d'aujourd'hui. Elle a commencé comme dans un rêve et puis tout est arrivé et tout s'est mélangé : les joies avec les peines, les plaisirs avec les déceptions.

Les grandes personnes trouvent cela normal parce que, disent-elles, l'existence est faite de contraires, le *âm* d'un côté, le *duong* de l'autre, la lune et le soleil, le yin et le yang.

– Il n'y a pas de milieu, alors ? me suis-je un jour aventurée à demander, les yeux ronds, à Oncle Minh, un cousin de Maman qui m'a l'air très savant parce qu'il a « fait ingénieur » à Paris et qu'il est le chef de tous les trains du Viêt-Nam.

– Ma petite fille, a-t-il souri, il y a toujours un milieu entre deux choses. On l'appelle le point d'équilibre, ou encore harmonie, paix.

J'étais perplexe, pas tant à cause de la réponse inintelligible que je venais de recevoir, qu'en raison de la contradiction qu'elle présentait avec le reste :

– Alors pourquoi vous dites tous qu'il n'y a que le *âm* et le *duong ?*

– Parce qu'ici, le milieu, comme tu dis, n'existe pas tout seul, c'est nous qui devons le faire arriver.

J'ai de nouveau écarquillé les yeux :

– Moi aussi ? Et comment je fais ça ?

– En réconciliant le *âm* avec le *duong*, m'a-t-il répondu.

Et il s'est arrêté là, tranquille, les yeux mi-clos, comme si tout était dit. Franchement, il se payait ma tête ! De dépit et devant son silence persistant, j'allais laisser tomber et m'en aller lorsqu'il a pris un air bizarre et m'a regardée d'une drôle de façon, comme s'il m'évaluait, hésitant entre me confier un secret ou non.

– Ma petite Tuyêt, s'est-il finalement décidé, nous sommes en train de parler de la chose la plus importante en ce monde, celle après laquelle nous courons tous, nuit et jour, qui que nous soyons, chacun à notre façon.

Et de nouveau il s'est arrêté ! Mais j'avais compris depuis longtemps qu'il fallait de la patience pour discuter avec les grands. J'ai donc attendu. Il est apparu qu'il s'agissait tout simplement du bonheur. Pas de quoi en faire tout un plat, et encore moins un secret, tout de même !

– Et alors, Oncle Minh ? me suis-je intéressée poliment.

– Et alors, ma petite fille, a-t-il déclaré gravement, c'est toute une tragédie parce que ce bonheur que nous poursuivons avec tant d'énergie et parfois avec désespoir, il ne se laisse pas facilement attraper, le bougre.

J'ai alors entendu que le bougre en question n'avait rien imaginé de mieux, pour déjouer nos efforts, que se cacher dans cet endroit qui fait partie de nous mais où, mille fois hélas ! nous allons rarement, sinon jamais.

– Où ? Où ? Oncle Minh ? me suis-je empressée de demander.

– Ici, mon enfant, ici, a-t-il répondu en se frappant la poitrine. À l'intérieur de nous.

Point ému par ma mine ébahie, il a poursuivi, imperturbable :

– Nous le cherchons partout mais toujours là-bas alors qu'il est ici, toujours dehors alors qu'il est dedans.

Faute de comprendre, j'ai fait la moue :

– D'accord, Oncle Minh, d'accord, mais qu'est-ce que ça a à voir avec le *âm* et le *duong* ?

Là, il s'est écrié :

– Ah, mais ça a tout à voir, ma fille ! ça a tout à voir ! Car ce bonheur, c'est ton milieu justement, c'est-à-dire la réconciliation entre le *âm* et le *duong* qui sont en chacun de nous : tant que nous n'y arriverons pas, il nous sera impossible d'être heureux.

Il s'est de nouveau accordé une pause, pas pour reprendre son souffle, pensez donc, mais pour fixer mon attention.

– Et ici écoute-moi bien, Tuyêt, écoute-moi bien même si tu penses que je radote : seule cette réconciliation entre le *âm* et le *duong* qui se trouvent en chacun de nous pourra nous permettre d'éviter le chaos, la guerre, car c'est une illusion de croire qu'on peut instaurer la paix autour de soi si on ne l'a pas d'abord en soi.

Allez comprendre les grands quand ils parlent ! À croire qu'ils n'ont jamais été des enfants. Je ne le lui ai pas dit mais je suis sortie fort sceptique de l'aventure. Réconcilier la lune avec le soleil pour atteindre la paix, a-t-on jamais entendu pareille aberration ! Pas étonnant que personne n'y soit arrivé, dans mon pays. Moi, je dis que pour parvenir à la paix, il suffit simplement d'arrêter la guerre ; qu'au lieu d'aller réconcilier n'importe quoi avec n'importe quoi pour ne plus se battre, on ferait mieux de se réconcilier les uns avec les autres.

Mais qui voudra écouter une petite fille comme moi ?

Il y a sûrement des choses qui m'échappent, dans cet univers.

Attendre, encore attendre.

C'est quand, Plus Tard ?

Il fait vraiment noir.

Maman est toujours penchée sur ses papiers.

Si elle travaille autant, c'est que M. Diêm et sa police ont mis le pays vraiment en colère et qu'il est à parier que la riposte aura lieu sous peu et que ça va souffler dans tous les sens.

Alors à quoi te sert, Tuyêt, de te perdre en cogitations stériles pour essayer de comprendre un monde incompréhensible ? En attendant l'arrivée de Plus Tard, aide plutôt ta maman en mettant plus de choses dans ton Reste afin de devenir plus légère et qu'elle ait moins à porter. Sa valise est déjà tellement lourde. D'orgueil ou d'autre chose, que t'importe ! Tu te demandes ce que tu pourrais encore mettre dans ton Reste ? Réfléchis, voyons. Oui, c'est ça ! C'est exactement ça ! Et arrête de tergiverser, de marchander, de pleurnicher. Vas-y !

Je m'arrache du canapé et vais dire bonsoir à Maman. Elle lève la tête du tas de journaux éparpillés sur son bureau, me sourit et me rappelle de bien refermer la moustiquaire.

Dans la chambre, je sors de mon cartable la lettre que, inspirée par l'héroïsme du devoir filial, exaltée par la beauté du sacrifice, je viens ainsi de décider de ne plus envoyer. Dans le halo doré de la lampe de chevet, je trace douloureusement les mots de l'adieu.

« Monsieur le journaliste,

Puisque vous écrivez sur ce qui se passe dans mon pays, je crois que vous devez être très occupé, comme Maman, parce que des bonzes se sont fait attaquer par la police, à Hué. Je n'ai jamais vu cette ville mais je sais qu'elle se trouve au milieu du Viêt-Nam, qu'il faut emprunter le col des Nuages pour y arriver, qu'elle est traversée par une très belle rivière, la rivière des Parfums, et qu'elle fut la cité de nos empereurs. J'oublie, elle a aussi de très belles pagodes où vivent et prient les chefs des bonzes. Guitare, un monsieur qui accompagne Tante Hinh à la guitare quand elle chante à la radio, a dit que la situation va empirer, que beaucoup de gens vont aller protester en criant dans la rue et que M. Diêm enverra encore plus de police pour les punir, ce qui veut dire que vous serez de plus en plus occupé. Alors, il ne faut pas que je vous envoie ma lettre car cela va vous déranger dans votre travail. Dans la vie, chacun doit accomplir son devoir. Maman va voir des gens et paie mon école, vous racontez la guerre dans votre journal et moi, j'essaie de bien étudier.

Je vais quand même continuer à vous écrire puisque j'ai promis de ne pas vous oublier et parce que j'aime bien écrire et que j'ai du temps pour le faire. Je vous donnerai la lettre si jamais nous nous revoyons. Sinon, ce n'est pas grave, même si j'en serai très triste parce que vous me manquez beaucoup et que j'ai très envie de vous revoir. Je me console en me disant que c'est le Destin. Il existe aussi, dans votre pays ?

Tuyêt »

J'éteins et me mets bien sur le côté pour faire de la place à Maman quand elle viendra se coucher.

À l'école, ma vie reprendra son cours normal. Étudier, jouer, manger, dormir, prier avant, prier après. De temps en temps, je copierai des lignes, de temps en temps, j'irai méditer en compagnie de Dupond, Dupont et la Castafiore. Je ne dépérirai pas, pour faire plaisir à la Grande Autorité. Je reprendrai le chemin de la bibliothèque aussi souvent qu'avant, pour faire plaisir à Sœur Thérèse. Je monterai de classe chaque année, passerai mon certificat en 5e, mon brevet en 3e. Les diplômes des grandes, je ne sais pas comment ils s'appellent mais je les obtiendrai. Ensuite, j'irai étudier en France. J'apprendrai à devenir journaliste. Je reviendrai dans mon pays pour raconter la guerre. Et si elle est finie, je dirai qu'il ne faut plus jamais la faire car c'est une chose très triste pour les mamans et pour les enfants. Voilà comment se déroulera mon voyage vers Plus Tard, le pays où l'on comprend.

Dans le cyclo-pousse qui me ramène au pensionnat, le lendemain matin, je m'étonne de l'impassibilité que me manifeste tout ce qui n'est pas moi. Quoi, mon renoncement suprême est ignoré de tous ? Les mots de l'adieu, marqués au fer rouge dans mon âme, ne devraient-ils pas être inscrits en lettres d'or dans le ciel ? Non. Rien de tout cela. La vie ne me renvoie aucun écho de mon geste. Tout est comme d'habitude. Je vis dans un monde d'une cruelle indifférence.

Là-haut, la passation des pouvoirs a eu lieu. Les étoiles se sont effacées, le soleil s'installe dans un somptueux déploiement de rouge et d'or. La ville s'ébroue de l'humidité de la nuit. Le long des rues, les propriétaires des magasins s'activent à la manivelle pour relever, dans un joyeux tintamarre, leur volet métallique. Ils sortent ensuite, balais en main, se hèlent les uns les autres tout en nettoyant leur morceau de trottoir. Derrière nous, l'homme donne de vigoureux coups de pédale en se déhanchant et en sifflotant.

Nous approchons du marché. Malgré l'heure matinale, il ondule déjà sous les vagues de chapeaux coniques des ménagères. Certaines s'accordent le plaisir d'un bol de soupe et s'accroupissent autour d'une marmite fumante ;

d'autres examinent, tâtent, marchandent. Des badauds musardent, nez au vent. Et dire qu'un mois auparavant, la terreur tuait et faisait pleurer, à cet endroit même. Mais personne ne se souvient. Personne, sauf moi. C'est à croire que j'ai tout rêvé : la bombe et le sang, et le journaliste.

Mais non, je n'ai pas rêvé ! Cet homme-là, au milieu d'un attroupement, cette tête qui dépasse toutes les autres, ces mains qu'on devine enfoncées dans les poches, c'est lui, c'est lui ! Je saute du cyclo, vole dans sa direction, crie « Monsieur le Monde ! Monsieur le Monde ! » Il se retourne, me voit : « Neige ! » crie-t-il à son tour. Je cours, cours, dans ma robe blanche du dimanche. Soudain, une détonation, puis une autre. Il tombe. Je pleure. Tout le monde s'écarte pour nous laisser passer, mon désespoir et moi. Je le vois. Il est à terre et regarde le ciel de ses yeux fermés.

Un homme fume de haine au-dessus de lui, autant que le pistolet au bout de son bras :

– Crève, sale Américain, tu n'as que ce que tu mérites !

Je reconnais Coca-Cola, le marchand de boissons. Dressée de toute ma hauteur, je l'apostrophe :

– Ce n'est pas un Américain, c'est un Français !

Il me dévisage, éclate d'un rire méprisant :

– Ah, c'est toi !

s'adresse à la foule :

– *Bà con cô bac*, Mesdames et Messieurs, j'ai l'honneur de vous présenter « Mademoiselle » !

me fait face à nouveau, crache par terre :

– C'est un Français ? Et alors ? C'est la même engeance. Tous des sales capitalistes ! Tous venus pour nous sucer le sang !

lève la tête et les bras tel un grand prêtre et interroge le ciel :

– Oui ou non ?

– Oui ! Oui ! hurle tout le marché qui se prend pour Dieu.

– Tous à exterminer, du premier jusqu'au dernier ! Oui ou non ?

– Oui ! Oui !

Je me détourne de la clameur, me couche sur le journaliste et l'entoure de mes bras. Vent se colore de rouge. Je sanglote.

Une main me secoue : « Tuyêt, Tuyêt, réveille-toi ! »

Maman s'est rendormie. Je reste immobile et fixe le noir, pendant longtemps.

Julie aussi n'est rentrée que le lundi matin. Elle arrive au dortoir alors que je termine d'accrocher Vent près de Nuage.

Après ma journée de la veille, je suis vraiment contente de la retrouver. Avec ses pieds bien plantés sur terre, son tempérament pondéré, sa logique où chaque chose a sa place, elle est tout ce que je ne suis pas et, pourtant, nous nous entendons à merveille, comme si nous nous complétions. Les contraires s'attirent-ils, moi le *âm* et elle le *duong*? Si je me sens tellement bien en sa compagnie, que deviendrais-je si elle n'était plus là ? Ne devrais-je pas être moins *âm* et plus *duong*? Cela est-il possible ? Mais ai-je vraiment envie que 1 + 1 fassent toujours 2 ? Les yeux au plafond, le corps traversé de hoquets silencieux, j'ai longuement médité sur le sujet, la nuit dernière. L'aube ne m'a apporté aucune réponse.

Ce matin, cependant, mon amie affiche un air plutôt chiffonné. La cloche a retenti avant que je puisse en savoir plus puis la journée s'est engouffrée dans sa routine grande comme un boulevard et je n'y ai plus pensé. L'heure du goûter nous retrouve l'une à côté de l'autre, à une dizaine de mètres du calvaire, notre place de prédilection pour l'occasion.

Une banane dans une main, un morceau de baguette dans l'autre, affamée comme quatre, je me tourne vers elle :

– On y va ?

Elle hoche la tête, sans beaucoup d'enthousiasme, il me semble. Nonobstant, je donne le signal :

– Un, deux, trois !

Nos jambes décollent, s'envolent et nous déposent en un clin d'œil au sommet où nous nous accrochons au pied du crucifix pour ne pas dégringoler par l'autre côté, dans le même élan. Enfin, nous nous installons l'une à côté de l'autre, les jambes étendues à plat devant nous.

Je m'applique à transformer ma banane en fleur – il suffit, après l'avoir pelée jusqu'à mi-hauteur, d'enfoncer doucement un doigt dans le bout dénudé et il s'ouvre en trois pétales – lorsque Julie pousse un long soupir.

– Qu'est-ce qu'il y a ? Pourquoi tu soupires ? je demande en contemplant mon œuvre.

– Je ne sais pas si je reviendrai dans cette école après les grandes vacances, dit-elle d'une toute petite voix.

On entame la quatrième semaine de mai. Les grandes vacances, c'est fin juin. Autant dire, dans un mois ! Ma fleur de banane me tombe des mains.

– Pourquoi tu ne reviendras plus ?

Elle m'apprend en vrac que sa famille vient du Centre, que les combats y sont fréquents parce que la frontière avec le Nord n'est pas loin, celle avec le Laos non plus d'ailleurs, par où des hommes et des armes s'infiltrent dans le Sud, que, pour toutes ces raisons, ses parents ont préféré déménager et venir s'installer près de Saigon avec leur petite dernière, après le départ de leurs deux fils de la maison.

– Et alors ?

– Mon frère aîné est bonze dans une pagode de Hué.

– Il s'est fait attaquer par la police !

Elle se tourne vers moi, médusée.

– Comment tu sais ?

– Je sais, c'est tout. Et alors ?

– Et alors il n'y a plus personne pour entretenir les tombes des ancêtres. Mes parents comptaient sur grand frère Duc, mais maintenant qu'il est en prison, il n'y a plus personne.

– Et ton autre grand frère ?

– Grand frère Hai, oui. Mais lui, il est soldat, il change tout le temps de maison.

Elle fait une pause puis reprend, le ton docte :

– Et d'ailleurs, c'est le fils aîné de la branche aînée de la famille qui doit s'en occuper, c'est-à-dire mon père. Il était déjà très embêté de devoir demander à grand frère Duc de s'en charger à sa place, et maintenant que celui-ci est en prison, il se dit que c'est de sa faute, qu'en négligeant ses devoirs vis-à-vis des ancêtres, il les a fâchés. Les ancêtres, quand ils sont fâchés, ils ne veulent plus protéger la famille.

Je hoche la tête :

– Ça, c'est vrai.

À vrai dire, je n'en sais rien. Il y a cependant cette berceuse qu'on chante depuis toujours aux enfants pour les endormir : « *Cong Cha nhu nui Thai Son, Nghia Me nhu nuoc trong nguon chay ra.* » : « Les peines que ton père s'est données pour t'élever sont aussi grandes que le Mont Thai-Son, l'amour dont ta mère t'a nourri est aussi intarissable que les eaux s'écoulant de leur source. »

Cela explique que, dans chaque maison, même chez Tante Hinh qui croit en Dieu, même chez Oncle Lam qui ne croit en rien, il y a un autel des ancêtres. On doit honorer leur mémoire parce qu'ils sont nos racines. Après tout, je me dis, c'est comme avec les arbres : si on s'occupe bien de leurs racines, ils donnent des fleurs, des fruits, de l'ombre, sinon, paf ! ils tombent et on n'a rien. Les ancêtres, quand on les oublie, ils meurent une deuxième fois et là, on est vraiment orphelins et tout peut alors nous arriver. Décidément, tout se rejoint.

Nous soupirons de concert. Julie tient toujours sa banane dans une main et son morceau de baguette dans l'autre. J'avale mes trois pétales, creuse un tunnel dans mon pain en mettant la mie de côté pour plus tard et y fourre le reste de mon fruit.

– Alors, ton père, il veut retourner à Hué, c'est ça ?

Elle ne répond pas, dépose son pain sur sa jupe, pèle sa banane et commence à manger : un coup elle mord dans l'un, un coup elle mord dans l'autre. Le cœur endolori, je mâchouille mon tunnel fourré.

Il y a des jours où la vie est désolante. Hier, n'en parlons même pas. Aujourd'hui n'est guère mieux. Et si même Julie commence à flancher, comment pourrais-je, moi, survivre ?

Le monde me donne le vertige à tourner comme il le fait depuis un mois, depuis le dimanche rouge et ma rencontre avec le journaliste. La bombe a explosé et moi avec elle. Avant j'étais une : Claire Tuyêt, maintenant je suis deux : Claire et Tuyêt. Claire parle en français, étudie, joue, fait le pitre, pique des fous rires, gagne au ballon prisonnier, perd au saut à la corde, s'efforce d'avoir 7,5 en conduite, et ainsi de suite. Tuyêt rêvasse en vietnamien, trimballe un bric-à-brac dans sa tête, porte un sac à dos étiqueté Le Reste, aime la glace parfumée à la solitude, écrit en cachette au journaliste, attend Plus Tard. Je préfère Claire : d'une part elle m'est familière, d'autre part elle est facile à vivre. Tuyêt, je ne la connais pas encore bien mais elle me semble partie pour me compliquer la vie. Déjà qu'elle m'envoie des cauchemars, la nuit…

Ce matin, en démêlant mes cheveux, Maman m'a demandé de quoi j'avais rêvé pour avoir pleuré si fort. J'ai réfléchi une bonne minute avant de pouvoir répondre sans trahir mon secret : de la mort. Le peigne doux et la voix tranquille, elle m'a alors dit qu'il est des choses plus tristes que la mort. J'ai toujours accepté ses paroles, docilement, même quand elles me sont hermétiques. Celles-ci m'ont cependant révoltée. Des éclairs ont zébré ma mémoire et illuminé violemment le journaliste gisant à terre, un chagrin pointu comme le bout d'une flèche m'a perforée de part en part. La gorge nouée, j'ai secoué fermement la tête. Maman a fait comme si de rien n'était, a suspendu un instant son peigne puis a déclaré, sur le même ton, qu'une de ces choses plus tristes que la mort était de vivre sans but, vivre pour rien. J'ai soupiré d'impuissance, demandé à tout hasard quel était le sien. Sa réponse a été aussi étrange que le reste :

– C'est une question que je me pose encore : quel est mon but dans la vie ? De pouvoir m'endormir en paix la nuit, peut-être ?

– Alors, toi aussi, tu fais des cauchemars ? j'ai demandé.

– Tout le monde en fait par les temps qui courent, ma petite Tuyêt, debout, couchés, la nuit, le jour. Tout le monde. Même toi, une enfant.

Je fourre le restant du tunnel dans ma bouche. Si ce que dit Maman est vrai, j'ai envie que l'histoire de Julie soit un cauchemar de nuit, celui dont on se réveille. J'ai envie que tous, elle, sa famille, moi, nous soyons en train de dormir et que Maman vienne nous secouer et nous sortir de notre mauvais rêve.

La tristesse de Julie, les yeux désespérément secs du ciel, les masses grises chargées d'électricité qui rongent leur frein et l'horizon, le parfum entêtant qu'exhalent des fleurs moribondes, tout cela m'accable et me refile des idées bizarres.

J'en suis à me demander si je n'ai pas rêvé l'histoire du journaliste de A à Z, si l'homme n'a d'autre existence que celle que je lui donne. Il ne sera pas le premier dans son cas, depuis le temps que le ciel me sert de cour de récréation et les nuages, de camarades de jeu. En outre, l'avoir inventé cadrerait parfaitement avec ma manie d'affubler tous les objets qui m'entourent de surnoms et de leur fabriquer des vies propres. Qu'ai-je, en effet, à appeler deux simples robes Vent et Nuage, et à leur conférer un rôle de sentinelles ? à considérer l'inoffensive moustiquaire comme une prison et à la nommer Geôlier ? à baptiser deux bêtes balais Dupond et Dupont, et un plumeau non moins bête la Castafiore ? à parfumer de solitude une glace autrement délicieuse ? Les personnes n'y échappent pas. Des exemples, il y en a en veux-tu en voilà : l'Autorité, Fleur de Nacre, les Affreux, Coca-Cola, Guitare, Catastrophe, et j'en passe. Me serais-je rêvé un monde à ma mesure et où je me retrouve, afin de remplacer celui où je suis et qui me dépasse ? Les héros des livres de Sœur Thérèse le font bien, eux.

Une fois apparue, l'idée ne me lâche plus. Dans mon lit, j'en oublie presque de transpirer. Cette nuit, je me livre à la grande récapitulation.

L'explosion a bien eu lieu puisqu'il en existe des témoins, au moins un et de taille : Maman. Elle l'a entendue et constatée sur place. Le journaliste, en revanche, personne ne l'a vu ni entendu, sauf moi. Et Coca-Cola. Mais ici encore, qui dit que celui-ci existe vraiment ? J'avais si soif ce matin-là, soif à inventer de toutes pièces un vendeur de boissons. Après tout, c'est ce qui arrive aux gens perdus dans le désert : le soleil implacable leur donne des hallucinations. Ils voient des oasis, des points d'eau. Moi, j'aurais vu Coca-Cola.

Admettons. Donc, le marchand d'eau est un mirage provoqué par une gorge cruellement desséchée. Reste à savoir quelle était la raison mystérieuse et impérieuse qui a sorti le journaliste du néant. Une fraîche piqûre de moustique me chatouille le ventre. Je relève la veste de mon pyjama jusqu'au menton, localise la boursouflure et y enfonce l'ongle de mon majeur : c'est la meilleure façon de se soulager d'une démangeaison sans s'écorcher. Pendant ce temps, mon cerveau bout, bout, et dans ses vapeurs se dessine la réponse, d'une extraordinaire évidence : la peur. Dans les livres, lorsque les enfants ont peur, un héros survient immanquablement pour les rassurer et les aider. Au cinéma aussi. J'étais terrifiée lors de ce dimanche rouge et comme aucun héros n'arrivait sur son cheval blanc pour me prendre dans ses bras et me sauver, il m'a fallu m'en inventer un : « il » avait surgi de nulle part et « il » m'avait prise dans ses bras. Tout s'enchaînait alors : le voile du secret afin de m'éviter le ridicule d'une affabulation éventée ; le secret, ayant pris l'allure d'une dangereuse obsession, devait être neutralisé et rangé dans le Reste ; je l'ai fait en rêvant la mort du journaliste, assassiné par Coca-Cola ; le personnage principal disparu, tombe le rideau. Tout le monde rentre chez soi. Point final.

Le démontage me plaît assez. Plus de journaliste, plus de Coca-Cola, plus de cauchemar. Je m'octroie le satisfecit comme le chapelain accorde l'absolution, m'infligeant comme pénitence moins de lecture dorénavant. À quoi sert-il, en effet, d'encore alimenter une imagination déjà débordante ?

Toute cette agitation mentale m'épuise. Mes paupières papillotent de sommeil lorsqu'une petite voix surgie d'on ne sait où me susurre dans un ricanement que, quand même, c'est aller un peu fort dans le délire éliminatoire. Je l'écrase d'un bâillement. Elle se relève : « Tu veux vraiment savoir ? Alors, enquête du côté de ton marchand de boissons ! » Je sursaute et me retrouve assise dans mon lit : Coca-Cola ! C'est de Coca-Cola que viendra la lumière : qu'il existe et existe le journaliste – et vice-versa mais ce vice-versa ne m'intéresse pas –, et pour le vérifier, il n'y a pas trente-six façons mais une, l'unique : retourner voir sur place.

Je me recouche et enfonce mon poing sous le traversin.

Mais pourquoi ne parviens-je jamais à tenir une résolution ?

Pourquoi m'entêté-je à courir après une ombre ?

Mettre des choses dans ton Reste afin de devenir plus légère et aider Maman. Tu parles ! Des résolutions pareilles, tu vas près d'un cocotier, tu lui donnes un bon coup de pied et il t'en tombe des tonnes sur la tête, pour ce que ça vaut ! La preuve, tu as déjà oublié la tienne puisque tu ferais bien le mur là, maintenant, pour courir faire ton enquête. Mais dis-moi quand même, c'est sérieux, cette histoire ? Tu vas vraiment retourner voir sur place ? Ah, ce sera simplement pour savoir parce que, après, qu'il existe ou non, tu oublieras tout ? Écoute, nous n'avons pas de cocotier à l'école mais les platanes feront aussi l'affaire. Tu choisis le plus grand et tu y vas avec un coup de pied bien ferme. Cela te fera du bien !

Je sais, je sais.

Le mieux est qu'il n'existe pas, afin qu'il cesse de me manquer.

Le son aigrelet de la clochette agitée par l'Autorité me perce le tympan, la lumière crue du néon me blesse les yeux. Je grogne et m'étire ensuite à me faire craquer les os, saute à terre et referme le Geôlier en le faisant glisser sur ses rails puis, à l'instar de mes camarades de chambrée, joins mes mains pour la première prière de la journée. La mienne, ce matin, est simple : « Dieu, s'il te plaît, fais que Maman vienne me chercher dimanche pour que je puisse mener mon enquête. C'est une question de vie ou de mort. » Je me signe ensuite en vitesse et me dépêche : nous n'avons qu'un quart d'heure pour faire le lit, notre toilette et nous habiller. Avec ma voisine de lavabo, je me livre à la course de tressage de nattes, m'arrachant quelques cheveux au passage pour aller plus vite. Peine perdue, elle me bat.

– T'as coupé tes cheveux depuis hier ou quoi ? je lui lance, dépitée.

– Ha ! Ha ! C'est ça ! grimace-t-elle, laide comme un pou.

– Dépêchons, dépêchons ! s'impatiente l'Autorité.

À six heures quarante-cinq pile, nous sommes dans la salle d'étude.

Les jours qui suivent me voient errer entre Claire et Tuyêt. L'une et l'autre me harcèlent avec des arguments que je connais par cœur. Rien à faire, avec l'arrivée prochaine des compositions finales et mon ambition de figurer parmi les trois premières au classement général, ceux de Claire ont plus de poids. Face à cette réalité, sa rivale se fait discrète. Mais je sais qu'elle s'active dans l'ombre, qu'elle ourdit sa guérilla.

De fait, à mesure qu'approche la fin de la semaine, Claire perd pied devant l'excitation que Tuyêt distille, par bouffées. Je me mets à compter les heures qui me séparent du dimanche, à espérer en tremblant que Maman vienne me chercher. Cent fois par jour, je me vois lancée sur la piste de Coca-Cola.

La fébrilité de Julie, assoiffée des nouvelles de son frère emprisonné, n'est pas faite pour me calmer. Ce que vit mon amie est autrement plus grave que ce qui m'agite. Le savoir ne m'empêche pas d'être prise au piège de mon propre jeu.

Quand donc arriveront les pluies ?

Enfin, dimanche ! La fin de la messe voit s'échapper de la maison de Dieu une envolée de colombes immaculées. Le spectacle emplit le regard des sœurs de satisfaction et le cœur des parents d'attendrissement. Déjà l'Autorité surgit, une vraie bergère. Sous sa houlette, nous prenons le chemin de la salle d'étude comme un troupeau celui de son bercail.

Julie murmure, la tête penchée sur un livre qu'elle n'a pas ouvert :

– J'espère que mes parents sont là. J'ai tellement envie de savoir, pour grand-frère Duc.

– Pas de nouvelles, bonnes nouvelles, dit toujours Sœur Thérèse, cela veut dire que si quelque chose était arrivé à ton grand-frère, tu l'aurais appris. D'accord ?

– Je ne sais pas. J'ai peur, c'est tout.

Pour sûr, mon amie ne rit plus comme avant. Les choses de la guerre ont fini par la rattraper. Elles nous rattrapent toujours. Et une fois qu'elles nous ont mis le grappin dessus, c'est fini, c'est pour la vie, et tout ce qu'on peut alors espérer, c'est de pouvoir, de temps en temps, leur échapper un moment. Celui d'un jeu, d'un rire, d'un rêve. D'un oubli. Pas plus.

J'aime bien le mot « oubli ». J'aime bien pouvoir oublier certaines choses ou, plutôt, le chagrin qu'elles peuvent engendrer. Si, par exemple, Julie ne revenait plus à la rentrée prochaine, j'aurais du chagrin, à cause de notre amitié : après m'avoir fait du bien, celle-ci me ferait du mal une fois Julie absente. Je sais tout cela et je l'accepte. Je demande seulement que le temps du chagrin, s'il doit arriver, ne dure pas trop longtemps afin de pouvoir continuer à penser à Julie sans que le cœur me serre à chaque fois, sinon je chercherai à l'oublier et, alors, je la perdrai pour de bon. Ce n'est pas Julie que je veux perdre, mais le chagrin de son absence.

On devrait pouvoir oublier ce qui nous fait mal, se souvenir sans souffrir. Sinon, comment aimer, encore ?

Pivoine sera sûrement d'accord avec moi. C'est une grande de terminale que j'ai élue ma préférée. Il n'y a à cela aucune raison particulière si ce n'est qu'un jour, en courant après mon ballon, j'ai atterri à ses pieds, qu'elle m'a relevée en souriant et que mon cœur s'est arrêté de battre tellement son sourire était doux. Je lui ai donc offert le titre en silence et, depuis lors, suis son destin de loin, même si je parie toutes mes billes qu'elle a oublié jusqu'à mon existence. Bien sûr, elle ne s'appelle pas Pivoine. C'est un surnom que je lui ai trouvé peu de temps avant Noël, un dimanche où elle est rentrée avec une fleur rouge piquée dans les cheveux. Béate d'admiration, je me suis approchée. Les joues aussi rouges que sa fleur, elle expliquait à ses copines, qui poussaient des oh ! et des ah ! à n'en plus finir, que c'était son fiancé qui la lui avait offerte pour fêter à l'avance leur mariage dont la date venait d'être fixée. Quand ça ? quand ça ? criaient les autres. Cet été, après mon bac, répondait-elle, belle comme une étoile à mon regard ému. L'excitation qui s'en est suivie était telle qu'il n'a pas fallu un siècle pour que la nouvelle se répandît sur toutes les cours de récré. On a même appris que le fiancé était un militaire, un lieutenant, pour être précis. Il se trouvait souvent en déplacement mais, à l'école, on savait toutes quand il était à Saigon parce qu'alors Pivoine rentrait avec la même fleur dans les cheveux. Et maintenant, on sait toutes qu'elle n'en portera plus parce que l'homme qui la lui offrait est « tombé ». Et maintenant, Pivoine ne rit plus en parlant de lui, elle pleure. Je pleure presque avec elle, dans mon coin, et j'aimerais bien que le souvenir de son amour ne la fasse plus souffrir. Que son chagrin se laisse oublier. J'aime bien penser qu'un jour, une fleur réapparaîtra dans ses cheveux.

J'aime l'oubli comme la promesse d'un effacement, l'espoir d'un recommencement. La fin d'une partie mais pas du jeu. On a perdu ? On gagnera peut-être.

Est-ce que la vie est un jeu ? Si elle l'est, qui en fixe les règles ? Dieu et le Bouddha n'ont pas l'air de s'entendre là-dessus. Le premier nous dit qu'on n'a qu'une vie sur cette terre, après quoi on monte au paradis ou on descend en enfer, selon l'état de nos péchés. Le second nous enseigne qu'on ne monte ni ne descend nulle part : on tourne. C'est ce que m'a appris Oncle Minh – encore lui !

Il dit que dans le bouddhisme, le péché n'existe pas, seulement l'ignorance, ce qui explique pourquoi on a plusieurs vies : on tourne et à chaque tour – à chaque vie –, on a une chance de s'améliorer. Et on tournera autant de fois, on vivra autant de vies qu'il faudra pour sortir de cette ignorance et atteindre le but ultime de tout bouddhiste : l'Éveil. Bien sûr, je ne l'ai pas laissé s'en tirer aussi facilement.

– Ça veut dire quoi, Oncle Minh ?

– Ça veut dire qu'on est conscient, ma petite Tuyêt.

– De quoi ?

– Des causes profondes de la souffrance.

– Et alors ?

– Et alors on peut la neutraliser et atteindre la sérénité et, de là, accéder à la Joie.

– À la joie ? Il faut plusieurs vies pour apprendre à devenir joyeux ?

– L'ignorant est aveugle et le monde est fait de leurres. Tel qui croit fuir la souffrance y fonce, victime de ses illusions. Nous lisons tous le même livre mais ne tournons pas les pages au même rythme.

Avec tout ça, je me demande bien pourquoi on vit ! Monter, descendre, tourner en rond, à quoi ça rime ? Même si j'étais loin de comprendre tout ce que disait Oncle Minh, il me sautait aux yeux que je courais moins de risque avec le Bouddha qu'avec Dieu.

Tandis que mon esprit divague et se perd, Julie, à mes côtés, s'agite et lance des coups d'œil répétés à l'horloge. Je soupire devant sa petite mine. En une semaine, j'ai appris davantage sur elle et sur sa famille qu'en une année entière.

Ils sont cinq, le papa, la maman et leurs trois enfants : Duc, 21 ans, Hai, 19 ans et une petite fille de 10 ans appelée Yên, mot dont l'Y évoque les ailes déployées de l'oiseau auquel il emprunte son nom : « Hirondelle ». Ils vivaient tous ensemble sous le même toit, se voyaient tous les jours et étaient très heureux. Sur ce dernier point, Maman dit que dans notre pays, les gens sont très modestes devant le bonheur : il leur suffit, pour s'estimer heureux, que la guerre les oublie. Qu'elle passe devant leur maison sans s'arrêter, qu'elle aille réclamer son dû ailleurs, piocher ses héros et ses martyrs chez les autres. Vu le nombre d'années qu'elle est là, cette guerre – celle en cours, ne parlons pas des précédentes –, rares sont les familles qui sont totalement « oubliées » mais, quoi, on peut quand même espérer !

Donc ils étaient heureux, dans la famille de la petite fille nommée Yên : être ensemble et ne manquer de rien, grâce à l'argent que gagnait le père. Les choses commencèrent à se gâter trois ans auparavant lorsque, le lycée terminé, Duc avait manifesté le désir de rejoindre un monastère bouddhiste et consacrer sa vie à la contemplation. Son père avait tapé du poing sur la table, furieux : « À la contemplation ! Que veux-tu contempler ? Pourquoi veux-tu vivre d'aumônes alors que tu peux régner sur des millions ? Et ne sais-tu pas que je compte sur toi pour me succéder aux affaires ? » Duc lui avait demandé pardon tout en lui rappelant l'existence de son autre fils pour les besoins de sa succession. « Ne me dicte pas ce que je dois faire, avait tempêté l'homme en retour, c'est toi que je veux et nul autre ! » Sur les supplications de sa mère en larmes, Duc avait consenti à réfléchir, encore, avant de venir, à l'automne suivant, s'incliner devant ses parents et quitter ensuite la maison, avec pour seuls biens les vêtements sur son dos. Le souvenir de la colère de l'un et du chagrin de l'autre le poursuivait et le printemps l'avait vu revenir sonner à la grande demeure familiale, en quête d'une réconciliation. Le domestique, à la porte, avait failli ne pas le reconnaître. À l'intérieur, il avait attendu comme un mendiant, perdu autant dans sa robe de moine que dans les murs dont il avait été naguère le prince, un spectacle qui avait déchiré le cœur du père et ouvert ses bras. On entendait, pendant plusieurs jours, la maison retentir du bonheur d'antan. Sa piété filiale observée, Duc était retourné au temple, qui comptait dorénavant le père parmi ses plus généreux donateurs. Pas satisfaits pour autant, les dieux l'avaient poursuivi de leur malice : deux ans après le choix de son aîné de se faire moine, voilà que son cadet lui annonçait son intention de devenir soldat. Vaincu par le destin, il n'avait plus tapé du poing ni crié. La mère avait pleuré, encore plus fort : en temps de guerre, beaucoup d'hommes partiront mais combien reviendront ? Après le départ de Hai, le père avait vendu ses affaires et était parti s'installer avec sa femme et sa petite fille dans le Sud, sans réussir, pour autant, à se faire oublier des dieux contraires car le voilà confronté à une nouvelle épreuve : un de ses fils est en prison, de la main même de l'autorité que sert son autre fils. Pendant les nuits où le sommeil le fuit, il se demande de quelles mauvaises actions il s'est rendu coupable dans ses vies antérieures pour mériter un karma si lourd.

Le bonheur a déserté la famille. La guerre s'est arrêtée devant sa porte.

– Et toi, tu crois que ta maman va venir te chercher ? chuchote Hirondelle.

– J'ai tellement envie aussi, mais elle est déjà venue la semaine passée, alors, je ne sais pas trop…

– Si on ne sort pas, on jouera tout le temps ensemble ?

– Promis, juré.

Et l'impression me vient soudain, enveloppée d'une grande tristesse, d'avoir une longueur d'avance sur mon amie, s'agissant des chagrins de la vie.

L'Autorité arrive enfin du parloir, tenant dans la main la liste sur laquelle les parents ont inscrit le matricule de leurs enfants. Debout sur l'estrade, la voix monocorde, l'âme indifférente, elle en donne lecture puis s'en va en emportant la moitié de la salle avec elle. Nous sommes dans l'autre moitié.

Tout n'est pas encore perdu cependant : la liste reste ouverte jusqu'à dix heures.

Hirondelle fait partie de la deuxième fournée, moi de la suivante.

Nous prenons un taxi car Maman est pressée. L'adresse – de notre maison, ouf ! – lancée, elle s'enfonce dans le siège et ferme les yeux.

– Tu es fatiguée, Maman ?

– Je ne dors pas très bien ces jours-ci, ma chérie.

Trop contente d'être dehors et de pouvoir bientôt effectuer mon enquête sur Coca-Cola, j'en reste là et colle mon nez à la vitre.

Il renifle tout de suite quelque chose de bizarre : ce sont toujours les mêmes rues et les mêmes couleurs, et les fenêtres à demi ouvertes laissent s'engouffrer les mêmes bruits et les mêmes odeurs, mais un changement est survenu. Dans le bruissement de l'air, dans la démarche des gens, dans la façon dont une ville bouge et respire.

Je remarque aussi de nouveaux postes de garde ici, de récents barrages là-bas, davantage de militaires partout, des Vietnamiens tout frêles à côté des GI's américains aux carrures imposantes.

Il y a plus de Jeeps MP sur la chaussée et moins d'enfants sur les trottoirs.

– On ne pourra pas aller au cinéma aujourd'hui, dit Maman qui ne dort quand même pas.

Est-ce que j'ai une tête à aller au cinéma ?

– Ça ne fait rien tu sais, on a déjà été dimanche passé, fais-je, m'arrachant de la vitre et magnifique d'abnégation.

– Je serai probablement absente une grande partie de la journée. Dans le fond, ce serait peut-être mieux que tu ailles chez Tante Hinh…

– Oh non ! S'il te plaît !

– Comme tu veux, Tuyêt, et pas la peine de t'agiter comme un singe. Chi Hai est là, elle s'occupera de toi.

Elle se redresse.

– Mais tu dois me promettre une chose.

– D'accord Maman. Et je dois te promettre quoi ?

– De ne pas sortir de la maison.

Le ciel me tombe sur la tête : et mon enquête ?

Je demande, la voix douloureuse :

– Mais pourquoi ?

– Parce qu'il se passe des choses graves et que je ne veux pas te voir courir le moindre danger. Nous avons eu beaucoup de chance l'autre fois, avec cet attentat au marché, mais *di dêm co ngay gap ma*, à force de se promener la nuit, on finit par rencontrer des fantômes.

C'est pas vrai : j'ai rencontré le journaliste ! D'accord, il me faut encore en être sûre, mais comment je vais m'y prendre, maintenant ?

– Même pas avec Chi Hai ? je quémande, résignée à entraîner cette dernière sur la piste de Coca-Cola.

– Non ! Avec personne !

Le désespoir me tasse sur la banquette.

– C'est à cause des bonzes jetés en prison, c'est ça hein ?

J'ajoute, le menton raide de défi :

– Parce que je suis au courant, tu sais !

Si je voulais l'impressionner, c'est raté. Elle ne me jette même pas un regard.

– Oui, et pas seulement jetés en prison. Torturés ! Assassinés ! Le pays est en état de choc. Les gens descendent dans la rue pour crier leur colère. Et que fait M. Diêm ? Il se retire dans sa chapelle privée pour prier, laissant carte blanche à une bande d'incapables et de profiteurs menée par son horrible famille : tout le monde en prison, même les étudiants. Un gouvernement qui met sa jeunesse derrière les barreaux est un gouvernement aux abois, acculé, perdu. Quels imbéciles ! Trop imbéciles pour se rendre compte qu'ils sont en train de dérouler le tapis rouge devant les communistes de Hanoi !

Elle martèle ses mots et semble parler pour elle-même. Par le rétroviseur, le chauffeur lui lance un regard effaré. Ses yeux se ferment, sa voix se fait lasse :

– Tu sais ce que je dois faire après t'avoir déposée à la maison, Tuyêt ?

Ça m'est égal. Elle fait ce qu'elle veut. Je recolle mon nez à la vitre.

– Je vais essayer de rendre visite aux collégiennes qui croupissent dans les cachots.

Ô ciel ! Mais où est-ce qu'elle va chercher tout ça ? Je me retourne d'un bloc et la contemple, abasourdie.

Maman continue à parler.

La mine sérieuse, j'écoute en approuvant de la tête comme si je comprenais. En réalité, je ne comprends rien du tout. Par contre, j'ai peur : et si Maman aussi se faisait jeter en prison ? L'accablement me saisit : peut-être que la famille a raison, après tout. Ah ! Si seulement Maman pouvait être comme Tante Hinh qui a un mari, qui a la voix douce, qui chante de belles chansons à la radio, qui reste chez elle pour s'occuper de ses enfants ! Je ne connais pas le métier de Maman : à part discuter avec ses amis et écrire des kilomètres de mots, elle n'a pas de magasin et ne travaille pas dans un bureau. À entendre les oncles et tantes, elle fait de la « politique ». Ils disent même qu'elle s'est mariée avec. C'est peut-être pour ça qu'elle a toujours plein de soucis et qu'elle va voir les gens en prison. Je me demande bien pourquoi elle est venue me chercher aujourd'hui, alors qu'elle semble si occupée. Bah, occupée, elle l'est toujours !

À la maison, Maman se change et met une belle *ao dai* grenat, un pantalon noir satiné, relève ses cheveux en chignon, passe un bâton de rouge sur ses lèvres. Elle en impose.

Je suis perplexe.

– Où tu vas, Maman ?

– Je te l'ai dit dans le taxi : à la prison.

– Mais alors, pourquoi tu t'habilles si chic ?

– Parce qu'il me faut d'abord une autorisation. En sortant d'ici, je dois aller frapper à la porte des gens importants et essayer de la leur arracher. Si je m'habille n'importe comment, les plantons ne me laisseront même pas passer la grille, et à supposer qu'ils le fassent, j'aurai l'air d'une mendiante devant ceux qui me recevront. Ils me regarderont de haut et la partie sera perdue avant d'être commencée. Je dois me poser en dame afin qu'ils me respectent et écoutent ce que j'ai à leur dire. Tu comprends ?

Je hoche la tête.

– Bon, voilà mon dossier et ma carte du Pen Club. Voyons, il est presque dix heures et demie. Ma chérie, je n'ai aucune idée du temps que tout cela va prendre…

– Ça ne fait rien Maman, il y a Chi Hai.

Sa serviette sous le bras, elle passe la main dans mes cheveux puis se hâte vers la porte. Au moment de la franchir, elle se retourne.

– Et n'oublie pas : tu ne sors pas de la maison !

De l'autre côté de la fenêtre, le flamboyant se tient, amaigri et solitaire. La sécheresse a réduit sa somptueuse chevelure rouge-orangé à de pâles grappes de fleurs ridées alanguies sur leurs branches, prêtes à pousser leur dernier soupir dans les bras du premier vent venu.

Je troque Nuage contre un short et une chemise en coton puis rejoins Chi Hai dans la cuisine.

Les mains dans une cuvette où baignent des liserons d'eau, elle me demande ce que je veux manger à midi, des nouilles ou du riz. « Du riz ! » fais-je sans la moindre hésitation.

– Quel cri du cœur. Tu n'en manges pas à l'école ?

– Si, mais c'est du mauvais riz : il est dur sous la dent, ne colle pas, n'a aucun goût ni aucun parfum et, en plus, il est rond ! Quelle drôle d'idée !

Elle éclate de rire :

– C'est sûrement du riz américain. Tu sais, notre pays le reçoit gratuitement afin de pouvoir vendre le nôtre à l'étranger et avoir de l'argent pour faire la guerre.

Elle claque la langue :

– Si c'est pas malheureux !

J'ignore ses soupirs et m'attelle au lavage du riz : il faut l'immerger dans l'eau, le saisir à pleines mains et frotter les grains les uns contre les autres afin d'enlever l'amidon. L'eau doit être renouvelée au fur et à mesure qu'elle blanchit, en principe pas plus de trois ou quatre fois sinon, débarrassé de tout amidon, le riz ne colle pas et perd de son moelleux.

Il y a deux ans encore, je ne savais pas que le riz gonflait à la cuisson et tombais en ravissement chaque fois que la marmite, remplie à moitié lorsqu'on la déposait sur le feu, se révélait presque pleine quand on l'en retirait. Après mes premiers cours de catéchisme, à l'école de Béthanie, j'y ai vu l'accomplissement d'un miracle, à l'instar de celui de la multiplication des pains. Puis Chi Hai est arrivée et a remis les choses à leur place.

– Chi Hai, tu veux que je te raconte une histoire des catholiques ?

– Vas-y, petite sœur Tuyêt.

Elle écoute comment Jésus, le fils de Dieu, a nourri des milliers de personnes avec quelques pains, en les faisant se multiplier.

– C'est une histoire amusante, fait-elle quand j'ai fini. Et ce Jésus, il vit toujours ?

– Mais non ! Il est né quand il y avait zéro année, et maintenant, il y en a 1963. S'il vivait encore, il aurait 1 963 ans. Personne ne peut vivre aussi longtemps ! Pas les hommes, en tout cas.

– Et il était quoi, alors ?

– Mais je te l'ai dit : il est le fils de Dieu !

– Le Dieu des catholiques uniquement ?

– Évidemment ! Mais il sera le tien, si tu veux. Ça s'appelle une conversion : tu vas dans une église, tu parles à un prêtre, tu apprends le catéchisme et tu te fais baptiser.

– Baptiser ?

– Oui. Le prêtre verse de l'eau bénite sur ton front, comme ça tu seras lavée de tous tes péchés, ton âme sera pure et tu pourras devenir un enfant de Dieu.

– Dis-moi d'abord ce que c'est, un péché.

– Ben, c'est quand tu fais quelque chose qui est interdit par Dieu. Tuer, mentir, voler, par exemple.

– Et à chaque nouveau péché que je commets, je dois retourner me faire laver le front ?

– Mais non, il y a la confession : tu vas trouver le prêtre, tu lui avoues ton péché…

Elle sursaute.

– Quoi ? Je fais quoi ?

– Tu dis au prêtre ce que tu as fait de mal, pour qu'il puisse te donner l'absolution…

Elle lève la main pour me faire signe d'arrêter, secoue la tête de droite à gauche comme si elle n'en croyait pas ses oreilles et, finalement, éclate de rire.

– Tu sais quoi ? Ça me fait penser aux interrogatoires de la police, ce que tu dis là. En tout cas, il m'a l'air bien compliqué, ce Dieu. J'ai déjà assez à faire avec Bouddha, les ancêtres et ma fille. Et puis, je n'y crois pas, à ton histoire de pains qui se multiplient. C'est impossible !

– Ça s'appelle un miracle : quelque chose que personne ne peut faire, sauf Dieu.

Elle arrête de rire, me regarde fixement, la bouche ouverte, avant de s'emporter :

– Ça alors ! Et pourquoi il n'a rien fait quand il y avait cette famine à cause des Japonais ? Tout le monde crevait de faim, les catholiques comme les autres. Où il était, leur Dieu, hein ? À quoi il était occupé, dis-moi ? À nous regarder crever ? Pourquoi n'a-t-il rien multiplié, même pas les racines, pour les nourrir ? On n'aurait pas eu tant de morts. Deux millions ! Deux millions si pas plus ! Des cadavres flottaient sur les rivières, jonchaient les champs, baptisés ou non ! C'est quoi, pour un Dieu qui fait des « miracles » ?

– Ne te fâche pas comme ça, Chi Hai ! J'en sais rien, moi.

– Alors, laisse-moi mettre cette marmite sur le feu avant que, toi, tu ne meures de faim.

Elle s'active, prépare le brasero, pèle, tranche, hache, cuit, transpire, attrape un fichu, s'en ceint le front. Je m'assieds dans un coin, penaude. À ma droite, au-dessus d'une armoire, Chi Hai a aménagé un autel sommaire : quelques bâtonnets d'encens plantés dans un bol de riz sec, quelques fruits, et une photo d'un homme au regard jeune et interrogateur, son père. Je sais que seuls les disparus figurent sur l'autel des ancêtres. Je n'ose pas demander si celui-ci fait partie des « deux millions ».

Nous prenons le repas dans la cuisine, sur une natte étendue à même le sol car Chi Hai n'aime pas s'asseoir sur une chaise. Elle veut être le plus près possible de la Terre.

– Tu n'es plus fâchée, dis ?

– Mais non. Pas contre toi, en tout cas. Et puis, à quoi ça sert ? La vie est un océan de souffrances et aucun dieu n'y pourra rien. Regarde un peu notre pays, une guerre suit l'autre. Maintenant, avec cette histoire des bonzes persécutés, on va droit à la catastrophe. C'est ta maman qui me l'a dit.

– Tu sais qu'elle visite des jeunes filles en prison ?

– Elle essaie, en tout cas. Elle est bien courageuse. Moi, à sa place et belle comme elle est, je me marierais et laisserais tout ça aux hommes. Tiens, prends un peu de poisson et mange, au lieu de picorer comme un oiseau.

– La famille dit que Maman pense comme un homme et que c'est pour ça qu'elle n'en a pas besoin et qu'elle ne va plus se marier.

– Foutaises que tout ça ! Une femme peut penser comme un homme et rester quand même une femme, et toutes les femmes ont besoin d'un homme pour s'occuper d'elles. C'est la loi de la nature.

Après le repas, Chi Hai s'installe pour une sieste et me dit de faire de même. Le projet d'enquête et l'injonction de Maman à l'esprit, j'examine discrètement son visage, à l'affût du moindre indice qui pourrait laisser supposer qu'elle a reçu des consignes à mon sujet. Aucun danger apparent : couchée dans son hamac pour éviter les fourmis, l'éventail à la main, les yeux au loin, elle se balance doucement. Encore indécise sur l'attitude à prendre, je passe le tout sous silence. À quoi bon, en effet, l'alarmer par mes questions ?

Je me traîne jusqu'à la fenêtre et, de nouveau, contemple le flamboyant. Toujours aussi misérable, il ploie sous le soleil de la mi-journée, ignorant tout de mon terrible dilemme : faire ce que je dois ? ou ce que j'ai envie de faire ? Maman ou le journaliste ? Je secoue la tête, déchirée : certaines réconciliations sont impossibles.

L'appel du journaliste se fait de plus en plus pressant. J'écrase mes derniers scrupules sous deux arguments valables à mes seuls yeux : d'une part il me faut savoir sinon ma vie sera un ruban interminable de points d'interrogation, d'autre part une si belle occasion ne se représentera plus jamais. L'endroit n'est pas loin et, si je me dépêche, mon absence durera tout au plus un quart d'heure, disons vingt minutes, peut-être vingt-cinq. Chi Hai ne sera pas encore réveillée et Maman ne sera pas encore rentrée.

Au premier ronflement qui me parvient, je me glisse hors de la maison.

La chaleur me fonce dessus comme un rapace sur sa proie. Dans cette fournaise, je cours, cours.

La foule est plus clairsemée que lors du dimanche de l'attentat. Des feuillets couverts de photos de bonzes et d'étudiants jonchent le trottoir, sur lesquels on peut lire en gros caractères : « Libérez-les ! » Le nombre des gendarmes en faction au coin des rues et des voitures « MP » en patrouille a été renforcé. Ils me surveillent, j'en suis sûre. La peur me donne des ailes, me chausse de bottes de sept lieues. Ce grand carrefour à traverser et j'y suis.

Je le franchis et tombe en arrêt, les yeux écarquillés : des barbelés sont déroulés à l'entrée de la rue de Coca-Cola et la ferment complètement. Impossible d'accéder au tamarinier !

Pas besoin de me casser la tête pendant des heures pour comprendre : un temple bouddhiste se trouve dans la même rue. Mais je ne peux plus reculer et le temps m'est compté. Le souffle coupé, le cœur battant, le corps en sueur, je m'approche d'un militaire. Sanglé dans son uniforme, casqué, armé, il jette son bras en avant et lance, comme au cinéma :

– Stop ! Interdiction de passer !

Je fais jaillir mon index et mens, comme au cinéma :

– Mais j'habite là-bas !

– Où çà, là-bas ?

– À côté du tamarinier.

– Lequel ?

– Un, deux, trois. Le troisième.

– Tu as des papiers ? Un laissez-passer ?

Je lui oppose des yeux ronds. S'approche un de ses collègues qui a assisté à la scène.

– Laisse-la, va, ce n'est qu'une petite fille.

Gentil ouvre une brèche dans les barbelés et me prête sa main pour passer :

– Viens, et rentre vite chez toi.

Un sourire illumine son visage, guère plus âgé que celui d'oncle Son. Mon imagination déjà s'envole : qui sait, c'est peut-être Hai, le frère soldat de Julie ? Mais d'autres affaires m'attendent. Je dis merci et file.

Il n'y a rien, à côté du tamarinier, pas de voiturette de boissons, pas de vieux paillasson. Coca-Cola n'existe donc pas. Le journaliste non plus, par conséquent. Tout n'aura donc été qu'un songe.

La tête basse, je me laisse tomber au pied de l'arbre. Mes genoux s'entrechoquent de fatigue et tous les mots de la terre ne suffiraient pas pour traduire ma tristesse. Dans ma bouche, la même soif mordante que lors du dimanche rouge mais, aujourd'hui, personne n'est là pour m'offrir une menthe à la glace pilée.

Un homme sort de son magasin et vient me demander ce que je fais là. Je ne réponds pas. Il claque sa langue et me dit de rentrer chez moi, qu'il ne fait pas bon traîner dans les rues comme ça, à mon âge.

– Il n'y avait pas un marchand de boissons ici, avant ? je pose la question, à tout hasard.

– Ah, tu as soif ? Il fallait me le dire. Suis-moi, je vais te donner à boire.

À l'intérieur, il me tend une bouteille de Coca. Je n'aime pas les boissons qui piquent et demande de l'eau. Je vide deux verres coup sur coup et reviens à ma question.

– Des marchands de boissons, il en va et il en vient… me répond-il.

– Celui-là s'évente avec un carton Coca-Cola. Il était là le dimanche où une bombe a explosé au marché.

– Ouf! ça fait loin, ça. Plus d'un mois, non ? Écoute, je ne peux pas te répondre. Il y en a toujours eu un, sauf depuis deux jours, à cause du barrage. Quant à dire si c'était toujours le même ou avec quoi il s'éventait...

Me voilà bien avancée. Toute cette peine, tout ce risque pour une réponse qui n'en est pas une. Devant mon accablement, l'homme reprend :

– Mais pourquoi veux-tu tellement savoir ? C'est si important ? C'est quelqu'un de ta famille ?

Je secoue la tête, vois avec effarement l'heure sur l'horloge, bafouille un merci et sors.

Il n'est pas question de repasser devant les militaires. Ils m'attraperont et me jetteront en prison, à cause de mon mensonge. Je dois continuer en direction du marché, tourner trois fois à droite puis prendre à gauche, devant le restaurant où nous avons mangé du *pho* la semaine passée, Maman et moi. Le trajet en sera rallongé d'autant, mais il n'existe aucune autre solution et plus tôt je me mets en route, mieux c'est. De nouveau, je cours, cours. De nouveau, le soleil me brûle, me brûle.

J'ouvre la porte tout, tout doucement, me coule à l'intérieur sur des pattes de chat et qui je vois ? Maman.

– Ah, te voilà ! Où donc es-tu passée ? Ne m'avais-tu pas promis de ne pas bouger de la maison ? me tance-t-elle sans attendre, debout à l'autre bout du couloir, les mains sur les hanches, la voix furieuse.

Je m'enracine sur place, seule et muette.

– Regarde-toi : tu es tout essoufflée, ta figure est cramoisie, tes cheveux sont trempés, ta chemise pend de travers ! Qu'est-ce qui se passe, Tuyêt ? Où t'es-tu promenée par cette chaleur ? Réponds-moi !

Je veux qu'elle s'arrête mais elle continue :

– Tu es une petite fille désobéissante ! À quoi ça sert que je me dépêche si tu n'es pas là quand je rentre ? D'ailleurs, je dois retourner tout à l'heure car ces messieurs font la sieste. Ils dorment pendant que le pays crie dans la rue ! Mais je n'ai plus confiance en toi, maintenant. Qu'est-ce que je dois faire, dis-moi ? Rester ici pour te surveiller alors que des jeunes filles croupissent derrière les barreaux ?

Ses cris me sont insupportables. La colère fond sur moi, me submerge, me bouscule. Je suis dans un océan en révolte, ballottée entre des vagues gigantesques qui ont pour nom frustration, tristesse, désarroi, désespoir. J'ai mal.

– Alors, ramène-moi au pensionnat ! je hurle, le menton levé, les poings serrés. J'en ai marre, marre de tout ce qui se passe autour de moi, des bonzes tués, des gens en prison, des barbelés. Ramène-moi au pensionnat et ensuite tu pourras faire ce que tu voudras. Comme ça tu seras contente !

Les sanglots naissent dans mon ventre, grimpent jusqu'à ma poitrine, se bloquent dans ma gorge. Des larmes s'échappent de mes yeux en flots continus. Le regard fixé sur Maman à travers ce rideau liquide au goût de sel, je pleure en silence, le corps secoué de spasmes douloureux. Un voile venu de nulle part achève de brouiller ma vue, mes jambes se dérobent sous moi, je tombe.

Maman se précipite :

– Tuyêt, Tuyêt, ma petite fille, qu'est-ce que tu as ? Mais ton front est brûlant ! Chi Hai ! venez vite avec une serviette mouillée et un verre d'eau, Tuyêt a attrapé une insolation.

Un linge frais passe sur mon visage, des mains soulèvent ma tête et me font boire, des bras me portent jusqu'au lit où je gis, disloquée de l'intérieur comme de l'extérieur. Les exclamations conjuguées de Maman et de Chi Hai me perforent le crâne dans d'épouvantables élancements. Je largue les amarres et vogue vers une île très, très loin, vers mon pays à moi. Des cocotiers, du sable blanc, le chant de la mer, le pépiement des oiseaux, et le rêve impossible du papillon. Le papillon que la petite fille a fait mourir…

Du coin de l'œil, elle l'observe avec intérêt. Elle est couchée dans l'herbe, face au ciel. Le ciel est sa cour de récréation privée. Elle joue avec les nuages que le vent lui apporte, y voit des montagnes, des mers, ou encore des animaux, des humains, autant de personnages pour animer les histoires qu'elle se raconte. Le papillon qui danse, là, elle vient de lui trouver un rôle. Dressée sur les coudes, elle lui crie : tu seras l'ange !

Elle a sept ans et, jusqu'à la semaine passée, n'a jamais entendu parler des anges. À son arrivée dans cette école, une dame en blanc les a rassemblées, elle et les autres nouvelles, pour leur raconter une histoire. « Nous avons tous un même père, dit la dame, son nom est Dieu, il est bon et nous devons tous lui obéir si nous voulons aller plus tard dans sa maison, au paradis. »

Elle a levé son doigt et demandé où se trouvait le paradis. « Au ciel, a répondu la dame, Dieu y habite, entouré d'anges et de saints. » Des images ont circulé. Elle a trouvé que Dieu avait l'air sévère, avec sa barbe, son bâton et son grand livre. Les disques dorés au-dessus de la tête des saints lui plaisaient bien mais c'étaient les anges qu'elle préférait, à cause de leurs ailes, comme le papillon. Il sera son ange, aujourd'hui.

Elle le suit des yeux, le trouve beau et gracieux. Mais pourquoi vole-t-il toujours plus haut ? Comme s'il cherchait à toucher le ciel, à l'embrasser. Elle a peur à présent. « Reviens, l'ange, reviens ! lui crie-t-elle, tes ailes sont fatiguées, tu vas tomber ! »

Mais il ne veut pas l'écouter, ne se pose que pour s'élancer de plus belle.

La dame a aussi raconté qu'il y avait des mauvais anges, ceux qui avaient désobéi à Dieu et qui ont été chassés du paradis. On les appelle les anges déchus.

Elle pense que, peut-être, le papillon en est un et qu'il veut à tout prix retourner dans sa maison, au ciel. Là, il est occupé à reprendre ses forces sur un pétale d'hibiscus. Elle se lève, s'approche tout doucement, lui parle : « Arrête maintenant, c'est trop haut pour toi, tu vas pas y arriver. »

Les ailes blanches s'ouvrent puis, lentement, se referment.

Elle contemple dans la paume de sa main le papillon qui ne volera plus jamais. Son cœur est rempli de chagrin mais aussi de colère. Dans la terre, ses doigts creusent un lit. Elle y dépose son ange, mort d'avoir voulu atteindre l'inaccessible, et décide de ne pas croire aux histoires de la dame en blanc. Ses larmes coulent.

Une voix me parvient de loin :

– Tuyêt, petite sœur Tuyêt, réveille-toi !

Malgré mes efforts, mes paupières refusent de s'ouvrir. Ma tête est aussi lourde qu'une montagne et mes muscles ont subi le supplice des mille roues. Le contact d'un linge humide et frais sur mon front me fait bondir. J'ai chaud et j'ai froid. L'hiver et l'été cohabitent dans mon corps.

– Ton pyjama est à tordre. Je vais te changer.

Chi Hai me dénude, me frictionne légèrement avec un gant de toilette qui sent l'eucalyptus, me rhabille. Ses gestes doux sont des caresses à mon âme endolorie. Mes paupières s'écartent enfin. Des larmes y perlent encore.

– Qu'as-tu vu dans ton rêve pour pleurer comme ça ?

– Un papillon mort.

Elle soupire, dit que c'est sa faute, qu'elle n'aurait pas dû me parler de cette terrible famine et de ses millions de victimes. Je suis trop fatiguée pour protester et lui conter l'origine du papillon, lui expliquer qu'il n'en est pas à sa première visite, que c'est une vieille connaissance.

À voir le trait du soleil sur la fenêtre, l'après-midi est déjà bien entamé. Des bruits étouffés me parviennent de l'extérieur, les pétarades d'un vélomoteur, les cris d'un marchand ambulant vantant sa marchandise, un volet qui se ferme, une mère qui appelle son enfant. Peu à peu, je me souviens.

– Où est Maman ?

– Elle est retournée voir tous ces gens. Il faut que je te mette le thermomètre, elle me l'a bien recommandé. Ouvre ta bouche. Voilà. Il faut attendre une minute… Voyons voir : 39 degrés, un peu plus même. Alors, je dois te donner une aspirine et puis après, tu continueras à te reposer.

– Je dois retourner au pensionnat, Chi Hai.

– Tu n'y penses pas, malade comme tu es ! Tiens, bois un peu… C'est bien. Dors maintenant.

Dans une semi-torpeur, j'entends Maman rentrer, ses pas se rapprocher du lit. Je hume son parfum, sens sa main fraîche sur mon front. Déjà elle s'éloigne. J'ouvre un œil et la vois en conciliabule avec Chi Hai. Le mot *xông* me parvient. Je voudrais disparaître de ce monde cruel.

On me prépare pour le supplice. Maman déroule une natte au pied du lit, Chi Hai arrive portant à deux mains, telle une grande prêtresse, une grosse marmite noire d'où s'échappent des vapeurs brûlantes teintées de l'odeur âcre des herbes médicinales. Elle la dépose sur la natte, avec respect. Maman me déshabille, avec moins de respect, et m'installe devant la marmite. Les deux officiantes jettent sur nous une grande couverture. À la seconde, la nuit descend, l'humidité me saisit à la gorge, la chaleur dilate mes pores, des myriades de gouttelettes perlent à ma peau, coulent en rang serré le long de mon visage, de mon torse, de mes bras. Je suffoque, tousse, pleure. Ma main rampe et soulève un coin de la couverture. Maman le rabat, me dit que la chaleur sert à expulser la fièvre de mon corps, ajoute que si cela ne suffit pas, elle fera venir Ông Lang. Je crie en silence. Ô ciel ! Pourquoi y a-t-il tant de tortures sur cette terre ?

Ông Lang est un médecin « chinois » qui n'est pas plus chinois que moi : on le nomme ainsi parce qu'il pratique l'art de guérir selon la tradition venue de Chine. Grâce à lui, Maman s'est relevée d'une fort méchante maladie contre laquelle les docteurs classiques avaient déclaré forfait, en conséquence de quoi, je l'ai élevé au titre de magicien. Hélas, la potion qu'il prescrit de sa main de calligraphe est horrible, tant à voir qu'à avaler. Je le sais pour l'avoir examinée de près et goûtée sur le bout de la langue : l'amertume m'a fait sauter au plafond. Pour y échapper, je me ramasse et me jette à corps perdu dans la méditation, comme si ma vie en dépendait.

La fumigation m'a fait du bien. Réinstallée dans le lit, nourrie d'un bol de soupe de riz blanc, le corps et l'esprit détendus, j'écoute le soir descendre. La maison est calme. De temps à autre me parvient un bruit : le froissement des pages du journal que tourne Maman, le tintement d'une casserole que manipule Chi Hai. Bruits familiers, rassurants. Rien ne devrait exister en dehors de cette paix qui, doucement, me recouvre. Je m'y pelotonne, m'y abandonne.

La fièvre revient pendant la nuit. Coca-Cola est un Peau-Rouge : hérissé de plumes, le visage peinturluré, la hache de guerre haut levée, il danse autour du journaliste gisant à terre, les traits tordus dans une haine que la clameur de la foule exacerbe. Le pupitre de Julie est vidé de ses affaires et sur son lit est étendu un drap blanc. Deux millions de fantômes aux orbites vides et sans fond sont à mes trousses qui pleurent et crient vengeance. Je hurle de terreur. Maman accourt de son canapé. Le lendemain, Chi Hai sort à la première heure et revient avec le Magicien.

De taille moyenne, maigre, vêtu d'une tunique bleue qui lui bat les flancs, d'un pantalon blanc qui bruit quand il marche, la tête couronnée d'un turban noir, le nez chaussé de lunettes rondes sans monture et le menton garni d'une barbichette, l'homme est sans âge et semble tout droit sorti des pages d'un livre ancien. Il fleure bon les montagnes bleues, les rizières vert velours, les prés qu'illumine le sourire des enfants juchés sur le dos des buffles ventrus dont ils sont les gardiens. Il évoque les pagodes de campagne à l'ombre des bananiers, le raclement du balai fait de brindilles mortes quand le bonze novice nettoie les allées autour du temple. Il suggère les habitations rurales rassemblées autour du *dinh*, modeste maison communale où se conduisent les affaires civiles et religieuses du village. Pour tout dire, il est l'incarnation d'une époque, celle des empereurs, des mandarins, des lettrés, des livres d'histoire.

Je ne l'ai pas connue, cette époque-là. Elle est morte avant que je sois née. Je ne peux que l'imaginer, à travers les souvenirs que, de sa douce voix de conteuse, m'offre Fleur de Nacre. À travers ce qu'elle sait, aussi, de l'histoire de mon pays, de ces vents venus de l'Ouest puis de l'Est qui ont soufflé sur le paysage du Viêt-Nam d'alors pour en faire celui d'aujourd'hui, fauchant dans une bourrasque la vie de cet homme, mon grand-père, emportant dans un tourbillon le destin de cet autre, mon père. Mon père qui n'avait pas vingt-cinq ans, qui est sans doute déjà mort, qui est peut-être toujours vivant, dont je n'ai aucun souvenir et qui ne m'a laissé de lui qu'un sourire sur une photo.

J'aime écouter Fleur de Nacre. Elle raconte des choses graves sans colère ni amertume. On s'assoit côte à côte. Elle passe ses doigts dans mes *toc xanh. Toc* veut dire cheveux, *xanh* veut dire vert. *Toc xanh* désigne l'enfance, la jeunesse, les jeunes pousses de la vie. Je touche ses cheveux brodés de fils blancs.

Une cinquantaine d'années nous séparent. Elle a ri, elle a aimé, elle a été aimée. Puis un jour, un matin, on est venu frapper à sa porte et son bonheur a été emporté, dans le feu et la fureur. La mort de Grand-Père, l'exode, l'exil. Fleur de Nacre me dit tout cela et poursuit, d'un ton qui frémit à peine : « J'ai accusé, bien sûr, le destin, les hommes et Dieu. Et j'ai pleuré. Aujourd'hui, c'est fini. Comment peut-on accuser au milieu d'un tel chaos ? Quand on ne sait plus ce qui est juste et ce qui n'est pas juste ? Et vois-tu, ma petite Tuyêt, cela ne m'intéresse plus de savoir. Je vais à l'église, je prie, et si je pleure encore, c'est de compassion pour plus malheureux que moi. »

Je crois qu'elle s'arrange pour être heureuse en s'appuyant sur son *ngày xua*, son autrefois, et sur son cœur rond comme le *trang ram*, la lune au quinzième jour du mois.

Quand je l'écoute parler du Nord, mon cœur se gonfle de ses souvenirs. Il m'en faut puisque, de cette terre où je suis née, les miens sont inexistants : le maquis ? je n'étais qu'un bébé ; le temps passé à Hanoi ? je marchais à peine ; le chemin de l'exode ? je n'ai rien vu (j'enfouissais sûrement un visage apeuré dans la chemise de Maman). Non, aucune trace dans ma mémoire de l'heure où mon pays tendait son dos et craquelait en son milieu. Mon cerveau n'a commencé à enregistrer qu'après mon arrivée dans le Sud.

Les premières images se rapportent à une belle dame drapée dans des toilettes somptueuses. Elle venait m'inonder de son parfum, le temps d'un baiser.

– Tu restes encore un peu, Maman ?

– Je ne peux pas, ma chérie, je suis déjà en retard.

– Où vas-tu ?

– À une réception.

– Encore ?

– Oui. N'oublie pas que *Cha* est ministre et qu'il a beaucoup d'obligations.

Mon beau-père s'encadrait dans la porte, élégant dans un costume européen ou magnifique dans la tunique des mandarins. Il avait bientôt été nommé ambassadeur dans un royaume voisin. Maman l'y avait accompagné. La belle dame était carrément devenue une fée : merveilleuse et lointaine. Celles dont continuent à rêver les petites filles même si elles ne les voient que rarement : les fées, elles le savent bien, ne font que de courtes apparitions.

Après la mort de mon petit frère et faute, sans doute, de ne savoir où me mettre, Maman m'avait placée en pension chez les Sœurs de Béthanie, à Cap-Saint-Jacques, avant de s'en aller au Japon avec son chagrin. Pour quelques semaines, disait-elle. Elle en était revenue au bout d'un an, avec sa valise.

Je ne me rappelle pas si j'ai été triste tout le temps où elle était partie. Probablement pas. L'absence, c'est comme la pluie : à force d'être dedans, on ne la sent plus.

Il est vrai que je n'étais pas tout à fait seule à Cap-Saint-Jacques. Ma vraie grand-mère, celle qui avait préféré s'exiler plutôt que partager son mari avec une autre femme, était revenue du Laos. Installée dans le village à côté, elle me prenait chez elle durant les vacances.

Bên-Dinh, avec une cinquantaine d'habitations dont la quasi-totalité avaient un toit en paille ou en tôle ondulée, un sol en terre battue, des lampes à huile pour s'éclairer et tiraient leur eau du puits ou du ciel, était la vraie campagne. Je grimpais dans les arbres, déterrais des légumes, vidais la mare pour attraper les poissons, jouais avec les poussins, courais après les lucioles. De temps en temps, Grand-Mère me laissait préparer ses boulettes d'opium, activité qui me permettait d'assister à un spectacle fascinant lorsque, après avoir recueilli avec la pointe d'une pique en métal les boulettes que j'avais façonnées en triturant la pâte noire, Grand-Mère les réchauffait à la flamme de la lampe à huile, les faisait grésiller contre le fourneau de la pipe, aspirait plusieurs fois au long tuyau et, enfin, fermait les yeux et rejetait, en une longue et bienheureuse exhalaison, une fumée dont l'odeur âcre et lourde emplissait la pièce et me faisait tourner la tête. Tout autre chose était quand le cocher me laissait tenir les rênes du cheval lors des trajets entre la maison et l'école. Visage au vent, je faisais : hue ! hue ! et il répondait : klop ! klop ! et je riais et il dodelinait de la tête de haut en bas en frémissant bruyamment des naseaux.

Non, je n'étais pas vraiment malheureuse. Quand cela m'arrivait, il me suffisait de me répéter que c'était comme ça et que personne n'y pouvait rien.

À son retour, Maman m'avait reprise avec elle, à Saigon. Plus exactement, elle m'avait changée de pensionnat. Ainsi m'étais-je retrouvée à l'Institution des Sœurs de Saint-Paul.

– Que se passe-t-il avec l'enfant ? demande le Magicien.

– Elle a une forte température. J'ai déjà recouru au *xông* hier, mais cela n'a pas suffi. Cette nuit, elle a déliré.

Il s'approche, retrousse ses larges manches comme pour libérer ses pouvoirs, fait l'impasse sur mon front brûlant, appose ses mains sur mes tempes, me palpe en dessous des oreilles, me tâte à la jointure du cou avec les épaules, s'attarde sur mes poignets, descend jusqu'à mes pieds dont la plante reçoit toute son attention, revient à mes poignets, remonte à mon visage, presse de son index un point au milieu des sourcils, enfin se redresse.

– Énergie très faible, décrète-t-il. Or le corps ne fait que traduire les états de l'esprit. L'enfant a-t-elle connu des bouleversements intérieurs, récemment ?

– Pas que je sache. Il est vrai que, hier, je lui avais interdit de sortir à cause de tout ce qui se passe actuellement. Elle l'a quand même fait, en plein soleil de midi. Je l'ai fortement grondée, elle a piqué une crise de colère et de larmes et, depuis, elle a cette grande fièvre.

– La fièvre est le signal que le corps est en train de résister. La perte d'énergie est très importante, elle n'a pas pu se faire en une seule journée. C'est l'aboutissement d'un affaiblissement graduel. Vous rappelez-vous l'événement qui aurait perturbé gravement l'esprit de l'enfant et initié cette perte d'énergie ?

La voix du Magicien est profonde, comme si sa poitrine pourtant plate comme la main était une caisse de résonance. Et cette voix profonde n'est pas en train de demander si un fait s'est produit, mais lequel et quand.

Maman fronce les sourcils un instant puis tape dans ses mains.

– L'attentat au marché ! Cela ne peut être que l'attentat au marché ! La petite était prise dedans ! Je n'y ai pas pensé tout de suite car cela remonte à plus d'un mois, maintenant.

Le Magicien ne remue pas un cil.

Très doucement, il reprend ma main :

– Une telle chose est déjà terrifiante pour un adulte, à plus forte raison, pour un enfant ! Pouvez-vous m'en dire un peu plus ?

Maman raconte ce qu'elle sait du dimanche rouge : les œufs cassés, ma course au marché pour les remplacer, l'explosion de la bombe, la chance extraordinaire qui m'a permis de m'en sortir indemne, « sans même une égratignure, vous vous rendez compte ! ».

Elle se laisse arrêter un instant par ce souvenir. Quand elle reprend, sa voix semble moins assurée :

– Non, la petite n'avait pas l'air autrement secouée… Enfin, je n'ai rien remarqué… Il y a bien ces deux cauchemars qu'elle a faits, un la semaine passée et un la nuit dernière, mais comme l'attentat date d'un mois… Vous pensez qu'il y a un lien entre ces cauchemars et l'attentat ?…

Bien sûr, elle peut en avoir fait d'autres dont elle ne m'a pas parlé… Elle est assez secrète, vous savez.

Paupières mi-closes, je ne dis rien, ne bouge pas. De temps en temps, je coule un regard vers le Magicien et, invariablement, rencontre le sien. Perçant comme la pointe d'un bistouri ou soyeux comme l'aile d'un papillon, celui-ci me sonde : que s'est-il passé exactement au marché ? qu'as-tu vu ? qu'as-tu ressenti ?

À Maman, le Magicien dit que si mon corps n'a pas été blessé durant l'attentat, mon âme, elle, en garde toujours les traces ; qu'il a écouté mes pulsations ; que celles-ci sont désordonnées et révèlent plusieurs niveaux de perturbation, comme s'il s'était passé quelque chose d'autre, depuis. Il lui demande ensuite si elle sait à quoi se rapportent mes cauchemars. Maman répond que celui de dimanche passé avait trait à la mort et qu'elle ignore encore tout de celui d'hier, étant donné mon état. Il l'écoute sans me quitter du regard. Il tique quand elle affirme, encore une fois, que mon comportement n'a pas changé. À tout le moins, précise-t-elle alors, elle ne s'en est pas aperçue, ni les sœurs du pensionnat d'ailleurs, sinon elle en aurait été avisée. Elle ajoute que mon école est excellente, que je travaille bien, que je suis une fillette avec une tête dure mais raisonnable, plutôt mûre pour son âge. « La petite ne sort pas souvent, mais elle ne s'en plaint jamais, vous savez ? », conclut-elle, une note de fierté dans la voix.

Je ferme complètement les yeux et détourne mon visage. Oui, Maman a raison. Je ne me plains jamais. De quoi, d'ailleurs ? Comparée à d'autres enfants, à la fille de Chi Hai, par exemple, je suis quand même mieux lotie : Liêu ne voit guère plus sa mère que moi la mienne, et son école est fermée un jour sur deux à cause de la guerre. De temps en temps j'espère, et puis j'oublie. Il y a plein de choses qui permettent d'oublier : les livres, les leçons et les devoirs, les jeux avec Julie et les copines, le monde que je me suis créé.

– Tu pleures, mon enfant.

Pourvu qu'il ne me demande pas pourquoi, pourvu qu'il ne me pose pas de question. Non seulement je n'ai aucune envie de répondre mais j'en suis bien incapable. Ma tête est un caillou solitaire perdu sur le sable d'un désert chauffé à blanc ; dans l'air qui tremble s'exécute un ballet fantomatique où le réel danse avec l'imaginaire, où le vrai enlace le faux. Je ne saurais distinguer les uns des autres.

Il n'insiste pas. Il n'en a pas besoin. En lisant sur mon corps, il a déchiffré mon âme. C'est bien pour ça qu'il est magicien.

– L'enfant a beaucoup de tristesse en elle, dit la voix profonde, et contre cette tristesse, je ne peux rien. Cependant, le physique et le mental étant liés, il serait bon qu'elle prenne des fortifiants pour son corps. Celui-ci est en effet très affaibli. Si on l'aide à aller mieux, à son tour il aidera l'esprit à résister plus efficacement à ce qui l'agresse.

Il parle à Maman mais c'est à moi qu'il s'adresse. Il le fait lentement, doucement, et je détourne la tête pour regarder par la fenêtre, en ouvrant grand les yeux comme on le fait lorsqu'on veut sécher les larmes avant même qu'elles n'arrivent.

Maman approuve, évoque la transition des saisons, si pénible cette année avec la chaleur qui dure, les pluies qui tardent, enchaîne sur les vacances scolaires qui approchent. Elle m'emmènera me reposer à Cap Saint-Jacques. L'air de la mer me fera du bien.

Le Magicien lâche enfin ma main qu'il dépose à plat sur le lit, paume ouverte et tournée vers le ciel.

– Prends bien le remède que je vais te prescrire, mon enfant.

Mes yeux reviennent vers lui. Sur son visage se dessine un sourire, le premier depuis son arrivée.

– Tu le feras, n'est-ce pas ?

J'ai envie de me tourner de nouveau vers la fenêtre.

Tous les deux s'éloignent. J'entends une plume crisser, imagine des idéogrammes se former. Dans son officine qui sent le *thuôc bac*, terme pour désigner les médicaments à base de plantes, le pharmacien lira la prescription, ira puiser dans ses bocaux quelques feuilles racornies, quelques racines rabougries, quelques tubercules ventrus. Il les pèsera, tel le joaillier son or, sur sa minuscule balance à plateaux, réduira les unes en poudre, tranchera les autres en fines lamelles. Chi Hai mettra le tout à mijoter sur le feu pendant de longues heures. La décoction obtenue devrait me guérir.

Je me demande si le Magicien réussira cette fois-ci, si on peut guérir de la tristesse.

En début d'après-midi, Chi Hai m'apporte la potion. Je jette un coup d'œil à cette substance visqueuse, noire et luisante, cette espèce de concentré d'encre de Chine qu'il me faut ingurgiter, et me rejette en arrière, l'estomac retourné, les lèvres scellées.

– Allons, allons ! tu n'as que trois cuillerées à avaler et je t'ai apporté du gingembre confit pour te faire passer le goût.

– Trois cuillerées ? m'écrié-je, horrifiée.

– Oui, petite sœur Tuyêt.

– Et ce sera tout ?

– Écoute, tu es très malade. Il y en a pour trois jours, deux fois par jour, et après, tu seras guérie.

– C'est un poison ! Je mourrai avant !

– Tu mourras si tu n'en prends pas. Pense à ta maman, au chagrin qu'elle aura.

– Elle n'en aura pas le temps. Elle est tellement occupée…

– Tu es en train de délirer, petite sœur Tuyêt. Bien sûr qu'elle aura du chagrin. Ouvre ta bouche maintenant.

Tôt ou tard, il faudra y passer. Mes poings se serrent, mes lèvres s'écartent. Sur ma langue vient se déposer tout le fiel de la terre.

Des forces obscures et occultes se disputent l'hégémonie de ma personne. Mon corps livré aux assauts de leurs troupes est un champ de bataille. Consumé par la fièvre des combats, il ne connaît de répit que lorsque sonne le clairon des replis. Alors, alors, le bien-être descend, et je m'abreuve tout entière à sa douceur comme la plage surchauffée s'apaise à la brise du large, quand vient le soir.

Au pied du lit, le ventilateur ronronne. À travers les volets fermés s'infiltrent tour à tour la lumière dorée du jour et la clarté bleutée de la nuit. Le parfum de Maman, sa main sur mon front, une exclamation d'inquiétude, un soupir de soulagement, la porte qui se referme. Plus rien ni personne ne visite mon sommeil. Lorsque je suis éveillée, mon esprit demeure vide. Je n'ai comme repères du temps qui passe que les soins de Chi Hai. Elle fait ma toilette, me nourrit avec du potage de riz enrichi à la viande de bœuf hachée, me désaltère avec des litres de jus d'orange. Il me semble avoir avalé le fiel déjà trois fois.

Ce matin, mes yeux s'ouvrent sur un objet couché sur l'oreiller d'à côté. Il n'y était pas quand je me suis endormie, la veille. Le clair-obscur de l'aube ne me permet pas de l'identifier. Ma main le touche, le palpe. C'est revêtu de tissu et c'est doux. Je cherche à tâtons le bouton de la lampe de chevet et l'enfonce. Baignée dans un halo de lumière, une poupée me regarde.

Longuement, nous nous dévisageons, puis je me détourne. Je ne sais pas jouer à la poupée.

Maman m'en avait offerte une, à son retour du Japon. Cloîtrée chez les Sœurs de Béthanie, je ne savais pas qu'elle était rentrée et, imbécile, avais contracté cette horrible rougeole qui me maintenait en quarantaine, juste à ce moment-là. Elle était venue me voir alors que je dormais, ne m'avait pas réveillée, avait posé son paquet et était repartie. Je me rappelle très bien, trop bien comment, à mon réveil, j'ai vu une boîte à côté de mon lit, merveilleusement emballée, merveilleusement enrubannée. J'entends encore le crissement du papier sous mes doigts impatients, le Oh ! qui s'était échappé de ma gorge lorsque j'ai soulevé le couvercle : couchée sur son lit de satin, une poupée japonaise me souriait. Mon cœur sidéré s'était arrêté de battre comme un idiot, avant de s'emballer comme un fou. Longtemps j'ai murmuré : « Maman est revenue ! Maman est revenue ! »

La poupée d'alors était faite de tissu blanc fortement compressé. Ses cheveux ramenés en chignon sur sa nuque étaient d'un noir de jais qu'illuminaient çà et là des épingles d'argent, son kimono taillé dans du brocart tissé de fils d'or s'ornait de fleurs écarlates, son *obi* de soie mordorée lui enserrait la taille jusqu'à la base des seins, ses bras se levaient avec la grâce des geishas dans l'exercice de leur art, ses pieds étaient habillés de socquettes blanches et glissés dans des sandales à semelles en bois. Son visage était un tableau en rouge et noir : le rouge de sa bouche minuscule aux lèvres carmin, le noir de ses yeux à peine fendus et de ses sourcils dessinés au pinceau fin.

Elle était magnifique. Tout comme devait l'être l'endroit d'où elle venait, l'endroit qui avait tenu Maman éloignée de moi pendant si longtemps. Je l'ai contemplée, admirée. Je ne l'ai pas aimée. Elle est retournée dormir dans sa boîte, parée de son kimono d'apparat, de son regard étiré et de son sourire énigmatique. Moi, je m'en suis allée retrouver mes billes, mes élastiques, mon herbier, mes insectes. Mon ciel et mes nuages.

La poupée d'aujourd'hui vient d'Europe. Elle est en caoutchouc souple, a la peau rose, les cheveux blonds, les yeux bleus, le visage joufflu, une robe en vichy rouge avec une collerette brodée et des manches bouffantes, des chaussures blanches. Elle est mignonne à croquer et je suis sûre que ses membres sont articulés et qu'elle peut se contorsionner comme une acrobate. Peut-être même qu'elle dira « Maman ! » si j'appuie sur son ventre. Mais rien à faire, je ne la toucherai pas : elle réintégrera sa boîte comme l'autre, la princesse nipponne.

Les poupées servent à remplacer.

Le Magicien est en train de réussir. Mon corps est moins douloureux, mon front moins chaud et mon esprit flotte agréablement dans rien. Les maladies ont au moins un mérite : il est si doux d'en sortir.

Peu avant six heures de l'après-midi, la porte d'entrée s'ouvre sur les pas de Maman. Je me redresse et m'adosse contre l'oreiller pour l'attendre. Elle sera sûrement contente de me voir aller mieux.

Qu'est-ce ? Mon oreille déjà aux aguets se dresse encore plus. Oui, c'est bien ça : on pleure à côté. C'est Chi Hai. Elle sanglote désespérément en marmonnant des mots sans suite entrecoupés de « Ô Ciel ! ô Ciel ! ». À la vitesse de l'éclair, les images enfouies resurgissent dans ma tête : les militaires, les barbelés, Coca-Cola en justicier, le journaliste en cadavre. Le vertige me prend, la panique me saisit : Maman, il est arrivé quelque chose à Maman ! Elle est blessée ! Elle est couverte de sang ! Je saute du lit. Mes jambes me trahissent. Je renverse une chaise et m'étale. La chaise fait boum ! Je crie aïe ! La porte s'ouvre. Maman et Chi Hai se précipitent. Mes yeux se braquent sur Maman. Elle n'a rien ! Elle n'a rien ! Je laisse ma tête retomber sur le sol.

– Tuyêt ! Ma chérie ! Que se passe-t-il ? Tu te sens mal ? s'affole Maman en me relevant.

J'enfouis ma tête dans ses bras et hoquette :

– J'ai entendu Chi Hai pleurer. J'ai pensé qu'il t'était arrivé quelque chose. Tu dis que ce n'est pas sûr dehors et tu sors tout le temps. Je voulais aller voir et je suis tombée.

Elle m'enlace. Nous nous balançons d'avant en arrière sur nos jambes, comme le jour de l'explosion. Je resterais ainsi, jusqu'à l'éternité.

Elle dit doucement :

– Ma petite fille, il ne s'agit pas de moi…

À ces mots, Chi Hai repart dans ses sanglots. Maman la gronde :

– Allez pleurer plus loin. Vous ne voyez pas que vous perturbez Tuyêt ?

Chi Hai sort en reniflant mais sitôt hors de la chambre, elle se laisse de nouveau aller bruyamment à son accablement.

– Il s'agit de qui, Maman ?

– Recouche-toi d'abord. Je vais t'aider. Là, installe-toi comme il faut, relâche ton cou. Oui, comme ça. Bon, maintenant, Tuyêt, écoute bien ce que je vais te dire, écoute attentivement, aussi attentivement que tu peux. Il se passe des choses très graves dans notre pays ces jours-ci, des choses qui vont bouleverser son destin, le destin de son peuple, notre destin. Mais c'est une affaire de grandes personnes. Tu n'as que dix ans, tu n'es qu'une enfant. Tu ne peux pas comprendre, tu ne peux rien faire. Alors, ne te pose pas de questions. Concentre toute ton énergie pour guérir. Pense à la chance que tu as eue d'être sortie indemne de l'attentat du marché. Tu aurais pu être blessée, tuée ou infirme à jamais. Imagine quelle serait ta vie alors… Je sais que tu gardes des choses en toi, pour toi. Je sais que tu as des secrets, des rêves, un monde à toi où tu vas quand celui dans lequel tu es te déçoit. Je ne te force pas à me les révéler. Je te demande simplement de faire en sorte qu'ils ne te rendent pas malade, qu'ils ne t'empêchent pas de bien travailler à l'école. L'instruction est capitale. Elle ouvre l'esprit, permet de bien réfléchir, aide à faire de bons choix. C'est la seule porte vers la liberté, et sans la liberté, on ne peut pas vivre dans la dignité. Mets-toi ça dans la tête. Enfonce-toi ça dans le crâne. Le reste vient après. C'est très, très important. Ne l'oublie jamais. Tu comprends ce que je dis, ma chérie ?

Je ne m'attendais pas à cette avalanche de mots. Abasourdie, je la contemple. Impressionnée, aussi, par le contraste entre sa voix calme, sinon douce, et l'éclat dur de son regard.

S'il subsiste encore le moindre doute dans mon esprit sur ce qui a rendu Maman « telle qu'elle est » – pour reprendre l'expression de la famille –, il vient d'être balayé.

Il n'est pas besoin d'être sorcier, en effet, pour deviner que des secrets et des rêves, elle en a, cette femme dont les mots évanouis continuent à me marteler les tempes comme autant de cailloux de glace, alors que toujours penchée sur moi, elle m'effleure le visage de son souffle chaud, en une divine caresse. Pour comprendre que ces secrets et ces rêves ont formé la trame de sa vie. Pour voir comment, afin de pouvoir préserver les uns et réaliser les autres, elle a pris le parti de tourner le dos aux règles établies, d'être différente et, apparemment, seule.

Est-ce un bon choix ?

« Il y a trop d'orgueil en toi », lui disent les autres.

Et si c'est là, sa liberté ?

Vivre à plein corps, à plein cœur, la tête haute. Rire et pleurer dans les yeux du ciel.

Comment peut-on la comprendre si on ne vit pas ce qu'elle vit ? Si on n'a pas connu ce qu'elle a connu ? Si on ne s'est pas senti comme elle tour à tour élue et répudiée par ce ciel en question ? Il n'est pas toujours accordé l'oubli aux âmes exilées. Le chemin du paradis perdu se bordait-il de roses ? Dès lors se hérissait-il aussi d'épines.

Le bonheur, infiniment. La douleur, aussi.

Des flux et reflux de cette violence peuvent-ils laisser indemnes les âmes qui les accueillent ? Peut-on s'attendre d'une falaise, voire d'une montagne, qu'elles résistent indéfiniment aux assauts des vagues ? Celles qui ont frappé l'âme de Maman y ont creusé plein de trous, et son départ au Japon devait lui permettre de pleurer en paix non seulement la mort de son fils mais aussi celles de son père et de son mari (mon père) – des trois hommes les plus importants dans la vie d'une femme, en somme – ainsi que de certains de ses rêves.

Je sais qu'elle a passé de nombreux mois dans un monastère bouddhiste, là-bas, qu'elle s'était même fait raser les cheveux pour ressembler aux bonzesses, qu'elle a médité à leurs côtés dans la Chambre des prières et pleuré seule dans sa cellule. Elle est partie un an. C'est long, un an. A-t-elle su raccommoder son âme ? Aujourd'hui, à trente ans passés, même si elle semble avoir opté pour cette solitude intérieure qui teinte sa beauté de gravité et la rend parfois lointaine, presque inaccessible, son cœur bat toujours au pouls de ses convictions premières. Et n'est-ce pas pour mieux s'y enflammer qu'elle a résolu d'afficher un certain dédain envers ce qu'elle appelle les sentiments ordinaires ? Elle se brûlera les ailes encore ? Que lui importe : elle ne veut pas d'une existence tiède !

Est-elle à envier ? Faut-il la plaindre ?

Écrasée contre mon oreiller, j'ai envie de lui ressembler et, en même temps, cela me fait peur. Mais peut-être est-ce déjà trop tard ?

– Oui Maman.

– C'est bien. Ah ! j'ai vu que tu as mis la poupée de côté. Je pensais qu'elle pourrait t'aider à passer le temps.

– Je préfère les livres. Maintenant que j'ai moins mal à la tête, je pourrai lire.

– D'accord, ma chérie. Je t'en achèterai.

– Des livres en vietnamien, s'il te plaît. Il n'y en a pas à l'école et Grand-Mère dit que je dois pouvoir lire le vietnamien au moins aussi bien que le français.

– Grand-Mère a raison. Je te choisirai des contes. Ils sont plus instructifs qu'on peut le penser, on y apprend bien des choses de la vie. Mais tu devras attendre jusqu'à demain. D'ici-là, repose-toi encore : même si la fièvre a baissé, elle risque de remonter si tu t'agites trop.

– Tu ne sors plus ?

– Non. J'attends de la visite.

Elle s'en va. Une seconde après, je l'entends remuer ses papiers. Mes paupières s'alourdissent mais je lutte pour rester éveillée.

La chance est avec moi car la sonnette ne tarde pas à retentir. Je patiente encore un peu puis descends du lit et me dirige sur la pointe des pieds vers la porte. Doucement je l'entrouvre et glisse un regard dans le salon. Comme je m'y attendais, Catastrophe s'y trouve. Il n'est pas seul, un autre homme l'accompagne. Tous les deux ont le visage grave et portent, épinglé à côté du bouton supérieur de leur chemise, un petit rectangle en tissu noir. Je referme la porte et reste un instant à me balancer sur mes jambes, partagée entre l'envie de coller l'oreille contre le battant et la peur de me faire attraper. D'un côté la possibilité d'en apprendre plus, de l'autre le risque de fâcher Maman, de la décevoir, surtout. Ne vient-elle pas de me parler très sérieusement et ne lui ai-je pas assuré que je comprenais ce qu'elle disait ? Ô ciel ! que c'est difficile parfois de savoir ce qu'il faut faire… Je pousse soupir sur soupir et regagne le lit.

Il n'est pas loin de huit heures quand Chi Hai me réveille pour m'administrer la potion. Je ne fais même plus de grimaces et enfourne prestement le gingembre confit dans ma bouche aussitôt l'encre de Chine avalée.

On parle toujours, dans le salon.

– Qui est mort, Chi Hai ?

Ma question la prend par surprise. Elle tressaille, lève vers moi ses yeux rougis et secoue la tête.

– Je ne sais pas de quoi tu parles. Personne n'est mort.

– Pourquoi tu mens ? J'ai bien vu que ces deux messieurs portent le deuil, à cause du ruban noir sur leur chemise, et toi, tu n'arrêtes pas de pleurer. Ils ont encore tué plein de bonzes, c'est ça ?

– Je n'ai pas le droit de t'en parler, et tu n'as pas besoin de savoir.

– Toi, tu as écouté ce que Maman me disait.

– Et toi, tu as regardé par le trou de la serrure.

Je fais diversion :

– Le poison, c'est fini ?

– Encore une fois demain matin, et plusieurs fois si tu continues à te fatiguer de la sorte. Regarde, ton front chauffe de nouveau.

Je hausse les épaules.

– Normal : c'est le soir. Dis, Chi Hai, il y a toujours des barbelés près de la pagode, sur le chemin du marché ?

– Non. Ils les ont tous enlevés, et les bonzes avec ! La place est nettoyée. C'est plus simple, évidemment. Mais, dis donc, comment tu sais, pour les barbelés ?

– Je suis passée par là, dimanche.

– C'était donc ça ! Et, bien sûr, tu ne vas pas me dire ce que tu allais y fabriquer…

J'ignore son allusion et poursuis :

– Il y avait cette voiturette de boissons, un peu plus loin. Elle est encore là ?

Elle me scrute, méfiante.

– Tu en poses, des questions ! Qu'es-tu encore en train de mijoter, là ?

Je bats en retraite, lâche avec conviction un bâillement d'hippopotame.

– Bah ! Je m'ennuie, alors je voyage dans ma tête. Ça ne t'arrive jamais, à toi ?

– Moi, je voyage avec mes pieds, enfin, façon de parler.

Chi Hai m'explique qu'elle prend le car tous les mois pour aller à la campagne voir sa fille qui habite chez sa grand-mère. Celle-ci a perdu son mari pendant la « terrible famine » (ce qui me confirme dans mes soupçons de l'autre jour) et on ne peut pas dire que le Ciel lui ait été plus clément depuis : après avoir travaillé durement la terre pour élever sa fille, elle a vu sa santé décliner et, depuis lors, vit chichement d'une échoppe de fortune installée sur le pas de sa porte et garnie de quelques boîtes de limonade, de quelques feuilles de bétel et de l'un ou l'autre article de la ville que lui ramène sa fille.

– Je lui donne aussi tout l'argent que je gagne en travaillant pour ta maman. Cela ne me sert à rien de le garder puisque, ici, j'ai un toit sur ma tête et du riz dans mon bol.

– C'est pour que Liêu puisse aller à l'école ?

– Et manger, et s'habiller. Mais, c'est vrai, je veux lui permettre de continuer l'école le plus longtemps possible. Je veux qu'elle apprenne beaucoup de choses, qu'elle devienne intelligente, pas comme moi, une paysanne qui sait à peine lire et écrire.

L'air solennel, elle ajoute :

– Tu sais, *Bà*, Madame, m'a dit la même chose qu'à toi tout à l'heure, et plutôt deux fois qu'une : « Seule l'instruction permet d'être libre ». Pour moi, c'est déjà trop tard, mais pas pour ma fille, à condition que je puisse continuer à l'aider.

Sans transition, son front se rembrunit.

– C'est difficile d'être libre quand on a le ventre creux.

Je l'ai toujours su : Chi Hai est plus intelligente qu'elle le pense. Nous discutons souvent ensemble et elle me sort parfois des propos étonnants. Ce qu'elle vient de dire en est un parfait exemple et m'impressionne au plus haut point, d'autant que je n'ai aucune idée là-dessus. C'est une chose à laquelle je n'ai jamais pensé. Il faudra que j'y réfléchisse. Peut-être même que je devrais aussi avoir faim, très faim, pour bien faire. La perspective me tord l'estomac et me fait presque tomber dans les pommes.

Chi Hai se secoue de son amertume.

– L'avenir de ma fille dépend de moi, fait-elle d'une voix mi-ferme mi-désespérée.

Je ne sais pas comment la réconforter.

– Elle te manque ?

– Au début, oui. Elle avait à peine deux ans quand son père nous a abandonnées, alors, j'ai dû quitter le village pour venir chercher du travail en ville. Ma première place ne m'a pas laissé un bon souvenir, je peux te l'assurer : il y avait beaucoup plus à faire, ma patronne avait trois enfants, et je ne pouvais rentrer qu'une fois tous les deux mois. Je me rappelle que je pleurais. Mais on s'habitue vite. On s'habitue vite quand on n'a pas le choix. Même à ces choses-là. Je ne pleure plus maintenant. Cela ne sert à rien qu'elle me manque.

– Et toi, tu lui manques ?

– Va-t'en savoir. Je me demande parfois si elle sait qui je suis, si elle m'aime. On dort toutes les trois dans le même lit quand je suis là-bas mais elle préfère se blottir contre sa grand-mère, et elle disparaît une fois sur deux quand je repars. Elle non plus n'a pas eu le choix. Il n'y en a pas beaucoup dans la vie, pour des gens comme nous.

– Ne t'en fais pas, Chi Hai. Maman et moi, c'est pareil. Tu dois simplement expliquer à Liêu que quand les mamans travaillent, elles n'ont pas de temps pour s'occuper de leurs enfants et que c'est pour ça qu'elles les confient à d'autres personnes. Tu l'as fait ?

– Bien sûr. Mais ça ne change rien à la situation.

– Ce sera pour plus tard. Il faut juste attendre. En tout cas, moi, je t'aime beaucoup, et si tu veux, la poupée que Maman m'a achetée, tu peux la prendre et la donner à Liêu. Elle pensera à toi quand elle jouera avec. Moi, j'ai des livres, et d'ailleurs, je ne sais pas parler aux poupées.

Une expression bizarre s'empare de son visage. Ses traits se contractent comme si elle était sur le point de pleurer et il leur faut tout un temps pour se relâcher. Ses yeux restent néanmoins absents.

– Chi Hai, qu'est-ce que tu as ? J'ai dit quelque chose qui t'a fait de la peine ?

Elle attrape mon bol et me le tend, en évitant mon regard :

– Il faut que tu manges, maintenant. Je dois vite aller servir le dîner à ta maman et à ses visiteurs. Ils doivent repartir bientôt, à cause du couvre-feu.

Mes yeux s'écarquillent, horrifiés. Ma bouche s'ouvre, mais aucun son n'en sort.

Il n'y a personne à la maison.

J'étais déjà réveillée quand Maman est venue poser sa main sur mon front, comme tous les matins et tous les soirs. Elle a hoché la tête et m'a demandé comment je me sentais. Encore fatiguée mais pas trop, j'ai répondu. Je l'ai ensuite regardée s'habiller. Elle a délaissé ses *ao dai* aériens et ses fines sandales au bénéfice d'un pantalon à l'européenne, d'une blouse et de chaussures à talon plat, sa tenue des jours mouvementés, comme elle dit. Quelqu'un – que je soupçonne être Catastrophe – est venu la chercher. Avant de partir, elle m'a assuré qu'elle n'oublierait pas mes livres, que je les aurais en début d'après-midi. Peu après, Chi Hai est sortie à son tour pour se rendre au marché. J'ai quitté la chambre pour le salon où, après avoir ouvert toute grande la fenêtre, je suis restée un bon moment à regarder dehors. Rien n'a changé. Le désespoir et la fièvre ont failli m'emporter mais tout demeure en l'état. Le ciel est toujours bleu, le soleil éclabousse toujours autant et il n'y a toujours personne sous les larges branches du flamboyant. Le livreur de journaux, armé de lunettes noires et d'une casquette à visière, est arrivé en sifflotant sur son vélo, a glissé notre numéro dans la boîte, est reparti continuer sa tournée. Je suis allée chercher le journal, l'ai déplié, l'ai étalé sur le lit. Et là, sans aucun recours, sans aucun secours, j'ai vu la photo.

Elle est en noir et blanc. Elle est en plein milieu de la première page. Elle me jette à la figure une pyramide de feu et de flammes.

Épouvantée, je refuse de croire ce que mes yeux voient : au centre du brasier, une silhouette assise, celle d'un moine bouddhiste.

Aucun lien ne l'entrave, aucune chaîne ne l'attache. Son dos est droit, sa tête est haute. Il a choisi d'être là. Il est libre. Est-ce pour cela qu'il n'a pas l'air de souffrir ?

Je ne sais pas si on peut souffrir à la place des autres.

Ce n'est pas ma chair qui brûle, ce ne sont pas mes poumons qui s'asphyxient. Pourtant je me sens mal. Comme lors du dimanche rouge, avec l'homme à genoux et la matraque levée pour frapper. Comment cela se fait-il puisque personne ne me frappe, puisque personne ne me brûle ? Ce n'est donc pas à mon corps que j'ai mal, mais à mon imagination. Il faut que j'arrête d'imaginer, que je calme ce pouls qui bat trop vite, qui m'envoie trop de sang dans le cerveau, qui me donne le vertige. Il faut que je me ressaisisse car rien de cela ne me concerne. Je n'y peux rien ! Maman me l'a dit et répété. Maman a raison.

De la main, je balaie le journal. Il vole à terre. Plus de feu ni de flammes. Plus de silhouette suppliciée. Calée contre l'oreiller, je suis des yeux le mouvement du ventilateur. Gauche, droite, gauche, droite. Il est un joueur de flûte et je suis le naja prêt à être hypnotisé. Gauche, droite, gauche, droite. Une minute passe, puis deux. La troisième à peine commencée, je suis penchée sur l'article en dessous de la photo. Au fur et à mesure que je lis, je vois.

Je vois une voiture venir s'arrêter doucement à l'intersection des rues Phan Dinh Phung et Lê Van Duyêt, un des carrefours les plus animés de Saigon. Elle est suivie par plusieurs autres. De celles-ci émergent des bonzes et des fidèles. Ils sont accueillis par ceux déjà sur place. L'un d'eux remonte le cortège jusqu'à la voiture de tête, ouvre la portière, côté trottoir, s'incline. Je le vois apparaître. Sa robe est un soleil safran dont les rayons dansent autour de lui quand il se déplace. Escorté de sa suite, il s'avance de quelques mètres, s'arrête, s'assoit à même le sol. Ses mains sont jointes, ses jambes sont repliées. Position du lotus. Ses pairs et ses disciples s'écartent et forment un cercle dont il est le centre. Je vois un bonze se détacher du groupe et venir se placer à ses côtés. Contrairement aux curieux amassés qui croient à une séance de prière publique, je ne suis pas dupe. Le bidon que le bonze tient à la main et qui les intrigue, je sais ce qu'il contient. Je vois des doigts le déboucher, deux mains le lever et, dans lumière radieuse de l'après-midi, l'incliner au-dessus de sa tête. Je vois le liquide rosâtre éclabousser son crâne rasé, se répandre sur sa robe ample, endeuiller le sol autour de lui. Je sens l'odeur de l'essence. Elle envahit l'air de ma ville, de mon pays, de mes poumons. Le bonze recule. La nature se tait. Le temps s'arrête. Il est seul, comme on peut l'être quand on est libre. Ses mains se disjoignent, ouvrent les plis safran, sortent une boîte d'allumettes. Calmement, il fait jaillir la flamme, la dépose sur sa robe. Je le vois s'embraser. Langues de feu, volutes de fumée. Le rouge et le noir entrelacés. La foule réalise enfin (il faut l'excuser : le geste est inédit). J'entends les cris d'horreur. Je vois des gens se précipiter pour intervenir, mais je sais qu'ils se heurteront au solide cordon humain formé autour de lui.

« La silhouette au milieu des flammes demeura strictement immobile, dans sa position initiale du lotus. Quand enfin elle s'écroula, dix minutes auront passé depuis que l'allumette enflammée a été déposée.

Ainsi mourut le Vénérable Thich Quang Duc, sans un geste sans un cri, le 11 juin 1963. Il avait 70 ans. »

Je replie le journal. Il contient d'autres articles signés par d'autres plumes. Je n'ai pas envie de les lire. Leurs titres crient, leurs titres pleurent. Cela me suffit. Ils m'apprennent aussi une expression nouvelle : auto-immolation. Je voudrais qu'elle n'existe pas.

Je replie soigneusement le journal et le remets dans la boîte aux lettres. Maman ne doit pas savoir que je sais, que j'ai vu la photo. Elle se fera du souci pour ma santé, s'inquiétera pour mes études. Le Vénérable martyr ira tenir compagnie au journaliste français dans le jardin de mes secrets. J'oublierai tout. C'est mieux ainsi.

Ma main désœuvrée farfouille dans le tiroir de la table de nuit et ramène un miroir. Le visage que j'y vois m'effraie. Il n'a pas dix ans, il en a cent. La maladie n'explique pas tout. Elle a chiffonné mes traits, creusé mes joues et bleui la peau fine en dessous de mes yeux ; mais d'où vient le voile qui recouvre mon regard et me le rend étranger ? Sans éclat, sans lumière, sans vie, il ressemble à celui des adultes fatigués ou tristes. Du champagne, il n'a plus le pétillement. Les bulles ont crevé.

Il est loin ce matin où une petite fille s'en allait un panier sous le bras chercher des œufs au marché. Elle sautillait parce qu'elle aimait sautiller, chantonnait parce qu'elle aimait chantonner. Ses yeux brillaient autant que le soleil : à côté des œufs il y avait des poules, et à côté des poules il y avait des poussins. Elle allait pouvoir faire chip ! chip ! avec ces petites boules jaunes, passer ses doigts sur leur duvet de velours. Peut-être même pourrait-elle en prendre une ou deux dans ses mains, poser un baiser sur les becs minuscules et pointus. Elle pressait le pas mais n'arriverait pas jusque-là. Elle n'arrivera plus jamais jusque-là. Le destin est passé. Il n'y a plus de poussins.

Il est loin un certain fou rire. Qu'avait-elle dit pour déclencher une telle hilarité chez cet homme ? Il l'avait d'abord contemplée, ahuri, puis avait rejeté sa tête en arrière et de sa poitrine avait jailli ce rire sonore, puissant, qui rappelait le roulement des vagues à marée haute. À son tour elle l'avait fixé, déconcertée, avant de l'imiter et d'exhaler de toutes ses forces les peurs et les angoisses que la violence des grands venait d'implanter en elle. Ils étaient là, tous les deux. Lui, grand, la peau blanche, les yeux bleus. Elle, haute de ses dix ans, la peau jaune, les yeux noirs. Tout les différenciait. Mais ils étaient là, ensemble, et riaient à gorge déployée en regardant le ciel. C'était six semaines auparavant. C'était il y a un siècle.

Chi Hai revient et me tire de ma somnolence. Je demande à être lavée, vraiment lavée, avec de l'eau qui coule, pas avec un gant qui mouille. Elle compte sur ses doigts, s'arrête sur le quatrième, déclare que c'est trop tôt.

J'insiste, me fâche. Elle grogne, finit par capituler, à sa façon : « Bon, bon, *Cô*, Mademoiselle, mais il te faudra patienter. Je dois d'abord mettre de l'eau à chauffer car tu n'imagines quand même pas que je te laisserai prendre froid sous la douche ! » Dans la cuisine, tout en s'activant pour allumer le brasero, elle soupire, assez haut pour que je puisse l'entendre : « Si c'est pas malheureux, vouloir se laver alors qu'on est malade ! Jamais vu une tête de mule pareille ! » Qu'elle marmonne ! Qu'elle ronchonne ! Qu'elle bougonne ! Tout ce que je veux, c'est sentir l'eau couler sur ma peau et un gant en frotter chaque centimètre carré. De toute façon, elle n'est jamais fâchée longtemps.

Nous nous installons sous l'auvent de la cour. Chi Hai y a traîné le baquet destiné à recueillir l'eau de pluie et transformé en baignoire pour l'occasion. D'épaisses volutes laiteuses s'en échappent. Je me déshabille et entre dans l'eau. La sensation de brûlure qui me saisit cède vite la place à un délicieux picotement. Je me ramasse et m'immerge, d'abord jusqu'au cou puis entièrement. Lave-moi aussi les cheveux, lave-moi partout. Pendant qu'elle me frotte, je prie. Cette eau qui nettoie mon corps doit aussi débarrasser mon esprit de tout ce qui l'affecte et le vieillit. Je veux bien grandir mais pas trop vite, pas si brutalement. Comment font-ils, les enfants d'ailleurs ? Là où les bombes n'explosent pas ? Là où les hommes ne s'immolent pas ? Jusqu'à quel âge jouent-ils avec les poussins ? Il faut que je guérisse vite, que je retourne au pensionnat. Ses quatre murs m'enferment mais ils me protègent aussi. Claire m'attend, avec mon enfance.

Je sors mon nez de l'eau.

– Tu disais quelque chose ?

– J'ai fait attention pour toi, tout à l'heure : il y a une voiturette de boissons près de la pagode.

Ô Ciel ! Je replonge, médite, ressors.

– Le vendeur, il s'évente avec un carton Coca-Cola ?

– Ils s'éventent tous avec un carton Coca-Cola. Pourquoi ? C'est si important ?

– Je ne peux rien te dire. C'est un secret. Tu as des secrets, toi ?

Elle tressaille, lâche le gant, attrape le shampooing.

– Ferme tes yeux, je vais laver tes cheveux.

– Mais tu l'as déjà fait !

– Ça ne fait rien !

Son ton brusque me surprend.

– Bon, bon, si tu ne veux pas répondre, tu réponds pas, c'est tout. Pas la peine de te fâcher, et pas la peine non plus de me relaver les cheveux, ça va encore faire plein de nœuds.

Elle se radoucit.

– Tout le monde a des secrets, petite sœur Tuyêt. Toi, moi, ta maman. Certains sont très lourds à porter.

– Les miens, il paraît qu'ils me rendent malade. Je suis en train de les noyer dans l'eau. Tu n'as qu'à faire la même chose.

– Ce n'est pas aussi simple. Rien n'est simple, de nos jours, et tu es assez maligne pour le savoir, non ?

Du plat de la main, je fais un grand paf dans l'eau.

– À quoi ça sert de savoir si on ne comprend pas ?

– Et à quoi ça sert de comprendre si on ne peut rien changer ?

Je la regarde, étonnée au plus haut point : à ce qui n'est, tout compte fait, qu'une simple boutade de ma part, sa réplique a jailli comme une fusée, toute douceur disparue, comme si un serpent venait de lui planter ses crocs dans la chair. Et il est évident qu'elle n'attend aucune réponse à sa question, ni de moi, ni de personne. Elle la tient déjà.

– Mais quand tu es perdue, poursuit-elle en effet, il arrive que les dieux décident pour toi. Tu les écoutes, tu ne te casses plus la tête. Tout devient plus facile. Ça ne sert à rien de réfléchir contre le vent.

Sur son visage flotte de nouveau l'expression bizarre de la veille, fermée, presque douloureuse. Et sa voix pour dire des choses sans les dire – ce qu'elle vient de faire – est à la fois triste et déterminée. Que veut-elle me faire comprendre ? Que veut-elle me cacher ? Pourquoi son regard évite-t-il le mien ?

– Toi, tu as changé. Et tu ressembles presque à Maman, comme tu es ! je décrète.

Elle se lève d'une pièce et laisse tomber sèchement :

– Reste encore un peu dans l'eau si tu veux, je vais retaper le lit.

Voilà qu'elle recommence ! Les secrets, ça a l'air de la rendre drôlement de mauvaise humeur. Je hausse les épaules, pointe mes jambes vers le ciel et me perds dans la contemplation de mes orteils.

J'ai bien fait de remettre le journal dans la boîte aux lettres. À son retour, Maman pousse une exclamation de contrariété en le découvrant sur son bureau et vient illico me demander si c'est moi qui l'ai déposé là. « Non, c'est Chi Hai », je réponds, les yeux innocents. Je peux me le permettre puisque je ne mens pas. N'empêche, c'est tout comme. Pour éviter d'autres questions qui m'y acculeraient, j'enchaîne prestement sur les livres qu'elle m'a promis. Elle s'assied au bord du lit et ouvre le sac qu'elle tient à la main.

– Les voilà. Je t'en ai acheté deux. Mais, dis-moi, comment vas-tu aujourd'hui ?

La séance de méditation dans le bain me revient : Claire m'attend. Je me redresse et claironne :

– Beaucoup mieux Maman, beaucoup mieux. Je crois même que je suis guérie. D'ailleurs, je me suis lavée, avec de l'eau chaude. Il est temps que tu me ramènes à l'école.

Elle rit.

– Hou là ! Quel enthousiasme ! Mais ce ne serait pas sage, ma chérie. Attendons lundi.

– S'il te plaît, Maman. Les compositions sont là. Ce sont des compositions finales, on doit connaître ce qui a été enseigné pendant toute l'année. Je dois beaucoup réviser sinon je vais redoubler.

Là non plus, je ne mens pas, ou alors c'est pour la bonne cause.

– C'est bien de penser à tes études mais il n'est pas question que tu fasses une rechute. Repose-toi encore. Tu as de quoi t'occuper maintenant, et si tout se passe bien, tu pourras retourner dimanche matin.

Son ton est sans appel. De désespoir, je me laisse retomber sur le lit.

Maman m'annonce qu'elle va être fort occupée dans les jours qui viennent et que je ne sortirai probablement plus avant les vacances d'été. Je traduis mentalement qu'elle prévoit des temps troublés, à la mesure du sacrifice du Vénérable.

– Ça ne fait rien, Maman, je dois quand même étudier.

Elle se lève. Un goût de cendres dans la bouche, j'ai envie de la retenir.

De lui avouer, pour la photo, afin qu'elle me parle de lui, qu'elle m'explique les raisons qui peuvent conduire un homme à accepter de mourir de façon aussi atroce. Dix longues minutes d'une agonie dont les souffrances me dépassent, m'effraient, me font penser à celles de cet autre, mort sur la croix. Parce que, cet après-midi-là, à l'école de Béthanie, la sœur avait continué son histoire : le Christ et le don de sa vie pour racheter nos péchés, mes péchés. Les images pour dire le sacrifice étaient terribles : la couronne d'épines enfoncée sur la tête, les clous fichés dans les mains et les pieds, le sang, et ce regard, si triste, si douloureux, si désespéré. Elles avaient provoqué en moi la même réaction que celle suscitée par la vue de la photo : j'imaginais la douleur et je la ressentais. Quelque temps plus tard, j'ai rêvé du papillon pour la première fois. Il était venu me voir et je l'ai fait mourir. Ensuite, je n'ai plus eu mal. Je me disais que personne ne pouvait racheter les péchés du monde entier, que l'histoire était une invention, que les gens qui la racontaient ne savaient pas ce qu'ils disaient puisque, si Jésus avait pris sur lui tous nos péchés, l'enfer n'aurait plus servi à rien et n'aurait plus dû exister, tout simplement. Alors, pourquoi prétendaient-ils le contraire ? Le Fils de Dieu était-il mort pour rien ? La question ne semblait pas leur venir à l'esprit. Moi, elle me poursuivait, et j'ai tranché en faisant mourir le papillon : le paradis qu'il cherchait à atteindre n'existait pas, ou lui était inaccessible. Personne n'était mort pour lui, ni pour moi.

Pour quoi est mort le Vénérable ? Quelle raison l'a poussé à se tuer tout seul, contrairement à Jésus qui a été tué par d'autres hommes ? Maman pourrait sûrement me répondre mais qui dit qu'elle le ferait ? Qui dit que, en apprenant que j'ai lu le journal, elle ne piquerait pas la même colère que celle qui m'a cueillie au retour de mon enquête avortée sur l'existence de Coca-Cola, avant de me renvoyer de nouveau à Plus Tard ?

N'en faisons rien. Dimanche, tout cela sera derrière moi. Maman s'en va.

« Il était une fois une princesse, si belle que deux génies – Son-Tinh, génie de la Montagne, et Thuy-Tinh, génie de la Mer – en tombèrent éperdument amoureux et rêvèrent d'épousailles. Le premier fit cueillir sur la plus haute des cimes la Fleur des Neiges éternelles, le second fit récolter dans la plus grande des profondeurs le Coquillage des Lumières océanes. Munis de leurs présents inestimables, ils se présentèrent devant le roi et lui demandèrent de bien vouloir leur accorder la main de la princesse.

Le roi les considéra, les écouta, les trouva aussi beaux, aussi braves, aussi intelligents l'un que l'autre. Cela l'ennuya fort car il ne savait pas sur lequel porter son choix. Finalement, il leur dit : « Honorables génies, je vous remercie de l'intérêt et du sentiment que vous portez à ma fille. Soyez certains que vous êtes tous les deux parfaitement et également dignes d'être mon gendre. Pour cette raison même, je suis dans l'impossibilité de vous départager. Néanmoins, je m'en voudrais de vous offenser et vous propose donc ceci : soyez mes invités pendant trois jours ; vous logerez, l'un dans le pavillon Est, l'autre dans le pavillon Ouest. Au bout de ces trois jours, chacun de vous me soumettra un poème qu'il aura composé, sur un thème qu'il aura choisi. Dans un souci de parfaite impartialité, le texte sera préparé en deux exemplaires dont un seul portera votre cachet. Les exemplaires anonymes seront lus par un jury composé des meilleurs lettrés de mon Royaume. L'auteur du poème jugé le plus beau se verra accorder la main de ma fille et le concurrent malheureux se retirera de bonne grâce. Ce n'est qu'à cette dernière condition que je ferai organiser l'épreuve. Y consentez-vous ? »

Les deux génies acquiescèrent et se retirèrent dans leur pavillon respectif. Pendant trois jours, ils s'attelèrent à la rédaction du poème. Son-Tinh glorifia avec fougue la splendeur majestueuse des montagnes et vanta leurs richesses, tandis que Thuy-Tinh exalta avec passion la magnificence infinie des mers et loua leur abondance.

Le matin du quatrième jour, le grand secrétaire du roi vint recueillir les textes et les soumit à la lecture des lettrés. Ceux-ci eurent fort à faire car, là encore, les deux prétendants avaient fait preuve d'un égal talent. À l'issue d'une longue délibération, ils décidèrent de passer au vote secret. Tous les bulletins sortis de l'urne étaient restés blancs. Ils se résignèrent alors à tirer au sort le vainqueur. Le destin choisit Son-Tinh, le génie de la Montagne, qui put ainsi repartir avec la princesse.

Thuy-Tinh, faisant fi de la parole donnée au roi, refusa de s'en tenir là. Ivre de rage et de jalousie, il souffla sur ses mers, leva une armée de trombes d'eau gigantesques, les chevaucha et se lança à la poursuite de son heureux rival, déterminé à noyer ses montagnes et à lui ravir la princesse. Sur son coursier, la belle entre ses bras, Son-Tinh vola de sommet en sommet. Après chacun de ses passages, les arbres de ses forêts se refermèrent étroitement afin de barrer le chemin à son poursuivant. Thuy-Tinh ne lâcha pas prise, fouetta de plus belle ses vagues et hurla à ses vents de tout faire plier devant lui. Le combat entre les deux génies fit tonner le ciel et trembler la terre pendant des nuits et des jours. Finalement, Thuy-Tinh dut se retirer. Il ne s'avoua pas battu pour autant et chaque année le vit revenir à la charge et chaque année donc ses trombes d'eau envahirent la terre, semant ruine et désolation sur leur passage, avant de devoir refluer vers la mer, face aux montagnes invincibles de Son-Tinh.

Ainsi s'expliquent l'origine et la poursuite des inondations annuelles au Viêt-Nam. »

La carte géographique et la notice reproduites dans le livre de contes m'apprennent que mon pays est une bande de terre s'étirant sur mille six cents kilomètres du nord au sud, dans le prolongement de la Chine. Bordé sur toute sa longueur par des chaînes de montagnes d'un côté et par la mer de l'autre, il ondule et se rétrécit en son milieu où sa plus petite largeur se réduit à cinquante kilomètres. Par contre, ses côtes dentelées courent sur plus de trois mille kilomètres. Il est béni par deux deltas : celui du fleuve Rouge au nord et celui du Mékong au sud, des régions extrêmement fertiles où se pratique la culture intensive du riz (le delta du Mékong, par exemple, avec ses deux récoltes annuelles, en produit suffisamment pour nourrir tout le pays). Pour cette raison, les étrangers comparent souvent le Viêt-Nam à une palanche dont la tige en bambou soutient à chacune de ses extrémités un panier à riz. Ses habitants préfèrent voir dans son tracé l'image d'un dragon s'adossant à la montagne et contemplant la mer. La notice précise que le dragon est un animal mythique qui symbolise à la fois l'eau, la puissance et la fertilité.

Moi, je trouve que mon pays ressemble tout simplement à un clou qu'on a tordu pour faire un S, mais, finalement, sa forme m'intéresse moins que ses montagnes et toute cette eau qui le borde et le quadrille. Je vois sans peine Thuy-Tinh surgir des profondeurs de la mer de Chine et Son-Tinh chevaucher sur les cimes des monts Truong-Son. Et à voir les masses de nuages lourds et gris qui s'encadrent par la fenêtre, à sentir l'immobilité pesante de l'air, l'heure du duel est proche. Thuy-Tinh doit être en train de fourbir ses armes dans l'attente des pluies diluviennes qui viendront grossir ses eaux. Il les lancera à l'assaut des montagnes de Son-Tinh. Lorsque, défaites, elles se retireront, les habitations seront emportées, les récoltes détruites. Le pays sera endeuillé, une nouvelle fois. Tout cela pour les beaux yeux d'une princesse !

Bien sûr, ce n'est qu'un conte, mais derrière chaque conte, il y a la réalité. C'est ce que m'explique Fleur de Nacre, ainsi que Sœur Thérèse qui utilise alors un mot très savant et que je trouve très beau : « métaphore ». Je le savoure sur ma bouche, en arrondissant bien les lèvres pour former le « phore ». Quant à Maman, ne m'a-t-elle pas dit, et pas plus tard que ce matin, qu'on y apprend bien des choses de la vie ? Je devine que Thuy-Tinh est un homme vaniteux : il ne peut pas accepter d'être vaincu par Son-Tinh, c'est comme s'il perdait la face. Cela l'obsède, le rend jaloux, le fait souffrir. La torture est telle qu'il oublie la parole donnée, devient fou et détruit tout autour de lui : il croit qu'en faisant mal aux autres il aura moins mal lui-même, ou alors il s'en fiche. C'est le méchant. Je devine aussi que quand les hommes se battent entre eux, il y a toujours les beaux yeux d'une princesse qui traînent quelque part. Pour quels « beaux yeux » se battent les hommes de mon pays ?

Longuement, le ciel fit rouler ses tambours. Gonflés comme des outres, le teint terreux, les nuages se tinrent serrés et immobiles, dans l'attente du coup de grâce. Précédé d'un grondement d'apocalypse, un sabre étincela et les creva, puis un autre, puis un autre. De leur panse s'échappa le déluge, avec une furie telle que le soleil rassembla ses restes et partit se mettre à l'abri. La ville fut plongée corps et biens dans la nuit et courba le dos pendant que là-haut, à la lumière fantomatique des éclairs, les dieux croisaient le fer. La saison des moussons venait de commencer. Six mois durant, l'eau donnerait et reprendrait. Ici, on lui rendrait grâce, là-bas, elle serait couverte de malédictions, mais, partout, des enfants nus danseraient sous la pluie.

C'était hier. Ce matin, je reprends le chemin du pensionnat.

En haut des marches du parloir, j'embrasse du regard le monde de Claire. Mes yeux se promènent, se posent. Ici, le préau des petites, la cour de récréation des grandes, les plates-bandes de fleurs séparées par des allées parfaitement entretenues, les bancs à l'ombre des arbres feuillus ; là-bas, les salles de classe, le dortoir, le réfectoire ; un peu à l'écart, devant la grotte de Marie nichée entre les massifs de bougainvillées, le banc des petites et grandes confidences : on s'y chuchote à l'oreille, on pouffe derrière les mains et on fait chut, le doigt sur les lèvres, lorsque crisse le gravier sous le pas d'un intrus ; à quelques mètres, sur fond de platanes, le monticule en pierre de taille d'où émerge le Supplicié sur sa croix. À part ce symbole de mes péchés, c'est un monde ouaté, empli de quiétude et d'insouciance, un monde à la mesure des enfants, de leurs joies et de leurs peines, de leurs rêves et de leurs espoirs. Les journées s'y déroulent tout en douceur, rythmées par les heures de classe, de jeux et de sommeil. La violence des grands n'y pénètre pas. Les murs épais, hauts et hérissés de tessons de bouteille se dressent comme autant de remparts pour lui barrer le chemin et empêcher que l'innocence soit volée à ceux qui la possèdent encore.

Dans le monde de Claire, la guerre n'a pas droit de cité.

Les marches descendues, je me dirige vers le bâtiment des primaires. Je pourrais fermer les yeux, mes pas se souviennent et me guident, monture d'un cavalier fourbu ramenant son maître sur ses terres.

L'après-midi est à son début. Les autres sont à la sieste. Les locaux sont déserts, sauf çà et là quelques représentantes de l'Autorité. Elles me sourient, s'enquièrent aimablement de ma santé, me souhaitent bon retour. Pour peu, je croirais que mes pitreries leur ont manqué.

J'ai hâte de sentir l'odeur de la bibliothèque, de revoir Sœur Thérèse. Elle n'est pas là. Qu'à cela ne tienne. Je prends le chemin de ma salle de classe, des fois qu'un changement serait survenu pendant mon absence. Personne ne s'y trouve et rien ne semble avoir bougé. Dans mon pupitre, mes affaires sont en place. À gauche, les livres recouverts de papier bleu ; à droite, les cahiers, recouverts de papier marron. Au milieu, un plumier avec deux porte-plume, quelques crayons noirs, un décimètre aux bords bleuis par l'encre, un taille-crayon et une gomme usée ; un autre plus grand rempli de crayons de couleur ; la boîte Blanche Neige où je range mes bons points, mes billes, mes élastiques et mon caillou fétiche pour jouer à la marelle. Juste en dessous, dissimulées sous le papier qui tapisse le fond et camouflées par une liasse de papiers buvards, les lignes copiées à l'avance et, dans une enveloppe, les boulettes de papier destinées à servir de projectiles quand l'Autorité a le dos tourné.

Claire m'émeut. Elle est gaie, légère, facétieuse. Elle a des rubans dans les cheveux, des bleus aux genoux, des écorchures aux coudes. Elle découpe des images qu'elle échange contre des décalcomanies, dévore des livres dont certains l'enchantent et d'autres la font pleurer, pique des fous rires pendant la messe. Sa meilleure amie s'appelle Julie, sa pire ennemie est cette pimbêche de Marceline, fouineuse et rapporteuse, ex aequo avec l'autre, la Pauline-Cèpamôa qui la traite de menteuse. Son monde est transparent, lumineux, sans surprises, sans danger. Si loin de celui de Tuyêt, où le cœur danse trop souvent la sarabande dans une salle de théâtre obscure et peuplée d'ombres.

Mes yeux s'attardent sur une étiquette : « Cahier de dictées - Claire Tuyêt, 8e A », sur une autre : « Livre de leçons de choses - Claire Tuyêt, 8e A ». Entourée de ses nains, Blanche Neige me sourit. Je suis chez moi. J'ai fait un grand voyage mais me voici de retour. Ma tête s'incline. Des larmes me montent aux yeux. Je ne veux pas savoir pourquoi.

Une silhouette passe sous la véranda. Je bondis à sa suite.

– Sœur Thérèse !

La religieuse se retourne. Un sourire vient illuminer son visage.

– Claire ! te revoilà… Quelle bonne surprise !

– Je peux venir avec vous à la bibliothèque ?

– Et comment donc ! On a des choses à se raconter, il me semble.

Une fois dans son bureau, elle m'examine de près.

– Eh bien, ma fille, on voit que tu as été fort malade. Ton visage est tout amaigri et tu flottes dans ta robe.

Je lui explique qu'une gigantesque fièvre m'a sauté dessus et que, pendant une semaine, ma nourriture se composait exclusivement de potage de riz et de viande hachée, à l'exception du bol de *pho* de ce midi, gâterie de Chi Hai.

– Assieds-toi là et raconte-moi, dit-elle en prenant place sur une chaise.

Revenir sur le passé ? Que me demande-t-elle là ? Je me détourne pour lui cacher mon visage désolé. Elle ne peut pas savoir et je ne peux pas le lui en vouloir. Ce que j'ai vécu depuis l'explosion de la bombe et qui m'a ballottée du terrible au merveilleux, j'ai pris soin d'en exclure tout le monde, elle comme les autres. Dans un accès d'étourderie, dans une crise de folie, je me suis lancée dans un jeu où le cœur a palpité, certes, où les sens ont frissonné, oui, mais où, à force de vouloir m'amuser seule, je me retrouve à présent piégée par mon propre silence. Il est trop tard pour faire marche arrière. Je suis au dernier chapitre d'une aventure, à la dernière ligne, au dernier mot. Il ne me reste plus que trois lettres à écrire pour la clore définitivement : f, i, n. Je les écrirai, et ma main ne tremblera pas.

Elle attend. Je m'exécute en prenant soin d'expurger mon récit de tout ce qui touche de près ou de loin à Tuyêt : le dimanche rouge, la course effrénée sous un soleil de plomb à la recherche d'un homme à l'existence hypothétique, la photo d'un autre qui, lui, a bien existé mais qui s'est envolé en fumée, au propre comme au figuré, la colère, le désespoir, le Magicien et ses pouvoirs. Pour me racheter, je force le trait sur le reste, grimaces et gesticulations à l'appui : le *xông* qui a manqué m'étouffer, le poison-encre de Chine qui a failli m'emporter, le bain, à deux doigts de m'ébouillanter.

Les clowneries, ça me connaît. Ma performance secoue mon auditrice de rire. Ne nous arrêtons pas en si bon chemin, terminons notre numéro en beauté, avec le conte de Son-Tinh et de Thuy-Tinh :

– Vous savez pourquoi il y a des inondations au Viêt-Nam, Ma Sœur ?

Elle se cale contre son dossier et me considère, méfiante mais amusée.

– Supposons que non. Alors, vas-y.

– C'est à cause de Son-Tinh et de Thuy-Tinh !

– Qui sont ces deux mauvais plaisantins que je leur tire les oreilles ? demande-t-elle, la voix faussement sévère.

Je pouffe :

– Oh, mais vous ne le pourrez pas ! Ce sont des génies : Son-Tinh est celui de la Montagne et Thuy-Tinh, celui de la Mer !

Elle éclate de rire :

– Ah, sacrée Claire ! Bon, tu me racontes, maintenant ?

Je me mets debout, ferme les yeux pour me concentrer et me lance dans le récit. Mes joues se gonflent d'air pour lever l'armée des trombes d'eau de l'un, mes mains tirent sur des rênes pour guider le coursier de l'autre. D'un côté, je souffle, de l'autre, je galope. Les montagnes tremblent et craquent sous la violence de la mer démontée. Le tonnerre gronde, le ciel pleure, les arbres se prosternent, les animaux prient. La fin du monde est proche. En face de moi, dans la salle obscure, le public aplati contre son siège, cramponné aux accoudoirs, frissonne, s'angoisse, retient son souffle : Son-Tinh dressé sur la pointe d'une cime, Thuy-Tinh debout sur la crête d'une vague… Dans ce combat entre le Bien et le Mal, qui va triompher ? Ah, mais c'est que les méchants finissent toujours par perdre ! Il existe une justice dans ce monde ! D'un même élan on se lève, à tout rompre on applaudit. Je fais une dernière acrobatie. On rit. Oui, je peux être très drôle.

– Bravo ! Quelle belle histoire ! s'exclame Sœur Thérèse. Tu as bien fait de me la raconter, et de si jolie façon que tu me donnes une idée : j'achèterai ces contes pour la bibliothèque. C'est important que les enfants connaissent ceux de leurs pays, et j'en profiterai pour m'instruire et améliorer mon vietnamien.

Elle s'arrête et m'adresse un clin d'œil malicieux :

– Qu'est-ce que tu en penses ?

Je saute de joie et approuve vigoureusement de la tête. Le vertige me saisit, me fait chanceler. Là, je ne joue plus. Sœur Thérèse se lève d'un bond, me prend contre elle, s'en veut de me fatiguer alors que je relève d'une méchante grippe, décide de m'accompagner au dortoir où je me reposerai jusqu'à l'heure du dîner.

L'escalier est interminable, un véritable chemin de croix pour mes jambes flageolantes. Mon ange gardien me borde, me dit qu'il repassera me voir avant de rejoindre la communauté. Restée seule, je suis un clown sans boule rouge sur le nez, sans chapeau cônique sur la tête, dépouillé de son sourire écarlate et de son habit de bouffon. Un clown triste qui pleure de rage contre la faiblesse de son corps imbécile : si tu me laisses tomber à ce moment crucial de mon existence, pauvre chose, je ne m'en relèverai pas. Le sommeil surgit et m'emporte loin de mon désespoir.

– Claire, tu dors ? murmure une voix.

– Oui.

– Pourquoi tu réponds alors ?

– Parce que tu m'as posé une question !

Je jaillis de ma couverture comme un diable de sa boîte, ravie de ma logique.

Julie se jette en arrière en poussant un cri d'effroi.

– Ha ! Ha ! Je t'ai bien eue ! poursuis-je, riant à me décrocher la mâchoire.

– C'est pas gentil ! J'ai eu vraiment peur. Et d'abord, comment tu savais que c'était moi ?

– Les autres m'avaient réveillée, avec leur chahut. Je t'ai vue arriver et je me suis cachée sous la couverture.

Julie a déjà oublié ma farce. Elle s'enquiert, inquiète :

– Qu'est-ce que tu fais dans ton lit ? Tu es encore malade ?

– Pas du tout. Je suis guérie. C'était juste pour me reposer. Je ne peux plus être malade, à cause des compositions. Je veux monter de classe, et je veux recevoir le prix de dictée.

– Moi, j'aimerais bien avoir le prix de calcul.

Julie trimballe une table de multiplication dans son cerveau. Je lui ai déclaré un jour qu'il était divisé en dix cases. Elle a froncé le nez et m'a sommée de m'expliquer, ce que j'ai fait en lui expliquant qu'il y avait dix chiffres à l'intérieur et que chacun devait avoir sa maison. Elle a plissé les yeux puis m'a rétorqué, la mine espiègle, que, dans ce cas, le mien devait en comporter vingt-six, de cases, une pour chaque lettre de l'alphabet.

– Ne t'en fais pas, on les aura. Il faut simplement bien réviser. Tiens, viens t'asseoir près de moi.

Je me pousse, Julie grimpe.

Nous ne disons rien.

Qu'il est difficile de croire qu'une semaine à peine s'est écoulée depuis la dernière fois où nous nous sommes vues ! Sur les bancs de l'étude, nous attendions d'être appelées. Julie voulait sortir pour avoir des nouvelles de son frère incarcéré. Les a-t-elle eues ? Je voulais m'échapper pour me lancer sur la route d'un sourire enfui. Il est plus lointain qu'un adieu. Ce matin, le flamboyant devant la maison n'était plus que l'ombre de lui-même. Le vent et la pluie ont eu raison de ses dernières fleurs. À quels vents et à quelles pluies se meurent les espoirs ?

Le soleil a commencé à se retirer pour la nuit. Ses rais se font doux et dorés, comme les rêves d'un enfant repu endormi sur le sein maternel.

Je demande à Julie si son grand-frère Duc est sorti de prison. Elle saute à terre, file comme une flèche et rapplique en coup de vent, une enveloppe à la main.

– Tiens, regarde.

Ce sont des photos. L'une montre une petite fille juchée sur les épaules d'un jeune homme tandis que, sous l'œil amusé et heureux d'un couple âgé, un garçon lève haut les bras pour recevoir un ballon en train de retomber. On voit la mer, en toile de fond. Un magnifique instantané du bonheur. Les frères de Julie étaient encore à la maison. Personne ne pouvait imaginer qu'ils la quitteraient bientôt, l'un après l'autre, appelés par des destins opposés qu'illustrent deux portraits sur pied. Sur l'un, un moine se tient devant une pièce d'eau d'où émergent, au-dessus d'un tapis de larges feuilles en corolle, des nénuphars au cou long et gracile. Sur l'autre, un soldat pose à côté d'une jeep, la poitrine barrée par une mitraillette. Une joie sereine flotte sur le visage du premier, celui du second déborde de fierté et d'enthousiasme. Un même air heureux les habite, malgré leurs uniformes si différents.

« Maître, indiquez-moi le chemin vers le bonheur ! » implore le jeune disciple dans l'un des contes. Le maître dit : « Mon enfant, il n'y a pas de chemin vers le bonheur, le bonheur est le chemin. »

La stupéfaction m'a laissée baba : c'est quoi, cette réponse ? J'aurais bien voulu savoir, moi, ma vie aurait été simplifiée ! On dirait Maman qui parle, en pire. J'ai quand même continué à lire : le disciple finirait bien par trouver la solution de son problème et j'en profiterais. Que nenni ! Lorsque, après deux ou trois pages et quelques profondes méditations, il entrevit la lumière, nulle lueur ne me visita. Dépitée, je jetai l'histoire aux oubliettes. Elle resurgit ce soir, avec les deux photos. Mon regard va de l'une à l'autre, de Duc à Hai, du moine au soldat. Deux chemins, une même joie. Serait-ce là le sens caché des paroles du maître : le bonheur n'est pas à trouver à l'extérieur de nous mais à l'intérieur ? Une telle théorie, pour ce qu'elle vaut, ne m'est pas complètement étrangère. Je l'ai déjà entendue quelque part :

« Nous le cherchons partout mais toujours là-bas alors qu'il est ici, toujours dehors alors qu'il est dedans. L'ignorant est aveugle et le monde est fait de leurres. Tel qui croit fuir la souffrance y fonce, victime de ses illusions. Nous lisons tous le même Livre mais ne tournons pas les pages au même rythme. »

Non, ce n'était pas Maman. Ni Fleur de Nacre, ni Sœur Thérèse, ni Chi Hai. Mais qui donc ? Mais qui donc ? Les yeux fermés, je fouille ma mémoire. Le son d'une voix me parvient confusément et se précise peu à peu. La voix est celle d'un homme. Et soudain, j'y suis : Oncle Minh, la réconciliation du *âm* et du *duong*, ces deux principes qui sous-tendent l'univers, le Samsara, la Roue de la Vie… Je m'étais moquée de lui alors. Je doute à présent. Et s'il avait raison ?

– Ils sont beaux mes grands frères, hein ? Julie me pousse du coude, les yeux brillants.

– Oui, ils sont très beaux. Mais tu ne m'as pas répondu tout à l'heure : ton grand frère Duc, il est sorti de prison ?

– Pas encore. Mais mon père dit que ce sera pour bientôt, à cause de la mort du vénérable Thich Quang Duc : il était un grand bonze et il s'est « immolé » ! Tu sais ce que ça veut dire ? Ça veut dire qu'il s'est incendié lui-même. C'est terrible, je te jure !

Julie a parlé d'une voix pénétrée, en détachant les syllabes, comme une grande personne. Je fais semblant de rien.

– À cause de ça, poursuit-elle sur le même ton, les bouddhistes sont très en colère. Partout, et surtout à Hué, ils descendent dans les rues en criant, et comme ils sont très nombreux, mon père pense qu'ils vont faire peur au président Diêm et que celui-ci donnera l'ordre à ses soldats de libérer les bonzes. J'espère qu'il a raison.

– Moi aussi, je l'espère.

– D'ailleurs, si M. Diêm ne libère pas les bonzes, il jettera le Sud dans les bras du Nord, les communistes vont venir ici et ça, c'est pas bon parce qu'alors on sera privé de plein de libertés : tout le monde devra obéir à Oncle Ho et au Parti !

Je me demande si Julie comprend tout ce qu'elle dit ou si elle ne fait que répéter ce qu'elle a entendu. L'image de l'homme à la bombe resurgit dans mon esprit, un « communiste » sûrement. Quelque chose m'échappe : s'il était en colère contre M. Diêm, pourquoi n'allait-il pas le tuer, lui, au lieu des gens du marché ? Pourquoi s'en était-il pris à ceux qui, que je sache, ne lui avaient rien fait ? Il était sûrement conscient de son acte car pendant tout le temps qu'on le traînait à terre, il n'a pas ri comme un fou l'aurait fait, ni pleuré pour implorer pitié. Il avait une mission à accomplir et l'avait menée à bien. Le reste ne le regardait pas : le sang, les cris, les prières. Même pas la matraque qui se levait au-dessus de sa tête, sa tête qu'il refusait de courber. Il s'y attendait. C'est impressionnant, ce mélange de cruauté et de calme, de courage et de lâcheté. Et c'est effrayant de penser que cela existe. Qu'est-ce qui peut pousser un être humain à une telle terreur froide ?

Encore des questions ! Toujours des questions ! La vie, n'en déplaise aux grandes personnes, n'est pas un océan de souffrances, c'est un océan de questions. Comprendrai-je un jour ? Ce soir, je suis fatiguée. Je fais dévier la conversation sur des choses plus anodines puis Julie s'en va rejoindre les autres.

Un silence bienfaisant m'enveloppe. La brise léguée par le soleil en partance caresse ma peau de son toucher de soie. Les bruits de la ville sont loin.

Devant moi, Nuage et Vent se balancent doucement dans le clair-obscur de l'heure. Il ne reste plus que deux dimanches avant les vacances, je ne les vêtirai donc plus qu'une seule fois, l'une et l'autre. À la rentrée, elles seront remplacées par deux nouvelles. J'en suis bien triste car elles ne datent que de cette année et sont encore si belles. Seulement, mes jambes ont poussé. Il paraît que je grandis vite, plus vite que les enfants de mon âge. Les Affreux en sont jaloux. « Hé ! la Française, si tu continues, tu ne trouveras jamais de mari ! » se moque l'un. « Ben, elle ira en chercher en France ! » renchérit l'autre. Jusqu'ici, j'ai trop rougi pour pouvoir riposter et les remettre à leur place mais ils ne perdent rien pour attendre. La prochaine fois, je les toiserai avec mépris et leur ferai souverainement remarquer qu'ils sont si bêtes qu'aucune fille ne voudra d'eux comme mari.

Je reviens à Vent et Nuage. Donnerai-je ces mêmes noms à mes nouvelles robes ? Leur en trouverai-je d'autres ? À moins d'arrêter tout simplement cette manie. Ce qu'on fait à dix ans, on ne le fait plus à onze, sinon, à quoi ça sert de grandir ?

Voilà que ça recommence !

Mais qu'est-ce que j'ai, ce soir ?

– Alors, Claire, comment te sens-tu maintenant ? As-tu pu dormir un peu ?

Sœur Thérèse ne peut arriver à un meilleur moment. Elle s'approche, un ange blanc pour dissiper la grisaille de l'heure et de l'âme. Quelle chance qu'elle soit ici et pas ailleurs. Que serais-je devenue sans elle ? Et sans ses livres ! Mon sourire est adorable :

– J'ai fait une longue sieste et me sens beaucoup mieux, ma Sœur.

– Tant mieux, ma fille, tant mieux.

L'œil espiègle, elle sort de ses larges poches plusieurs petits paquets qu'elle dispose sur mon lit :

– Tiens, voici des biscuits et du chocolat. Je les ai chipés à l'économat. Cela te fera le plus grand bien de les manger et épargnera à certaines d'entre nous le péché de gourmandise. Et voici du lait frais. Tu m'en diras des nouvelles : il vient en droite ligne d'une vache de Normandie !

À la vue de toutes ces bonnes choses, mon estomac se creuse à la vitesse de mille pelles au travail. Les biscuits craquent gaiement sous mes dents, le chocolat fond onctueusement dans ma bouche, le lait a bien plus de goût que celui du réfectoire, reconstitué à partir de la poudre « *Donated by the People of the United States of America* ». Mon appétit ravit Sœur Thérèse. Elle dit que c'est bon signe et qu'il me suffit de ne pas trop m'agiter pendant encore un jour ou deux, et la maladie sera tout à fait derrière moi. Je le lui promets sans peine.

À son tour elle s'en va.

Peu après, la cloche de la chapelle sonne l'angélus.

Nous sommes dans l'autocar qui doit nous emmener à Cap-Saint-Jacques.

J'ai bien cru que ce moment n'allait jamais arriver.

Quand, deux jours auparavant, Maman m'a annoncé qu'on partait, ma valise était faite avant qu'elle ait fini de parler. Depuis lors, le temps s'est arrêté.

Ce matin, réveillée au petit jour et incapable de me rendormir, je n'ai pas quitté des yeux les aiguilles phosphorescentes du réveil qui peinaient pour avancer, qui se traînaient, c'était affreux. On s'est enfin levées. J'ai tourné comme une guêpe autour de Maman et de sa tasse de thé. Elle m'a renvoyée rassembler nos dernières affaires. J'ai voleté, légère comme une plume et efficace comme une fée. Ensuite, j'ai fait mes adieux à Chi Hai toutes les cinq minutes. Quand le taxi est arrivé, je m'y suis carrée avant que personne n'ait eu le temps de dire ouf! À la station des autocars, Maman a mis un temps infini pour trouver celui qui lui convenait. Comme à son habitude, elle a écarté les grands (trop de monde, trop de bruit, trop de chocs sur la route), les moyens (trop de monde, trop de bruit, trop de chocs sur la route) en faveur des camionnettes d'une quinzaine de places. Elle en a choisi une après l'avoir inspectée sous toutes les coutures et s'être assurée qu'on pouvait lui vendre une banquette entière. Je m'y suis engouffrée avant qu'elle change encore d'avis. Et maintenant, j'attends. J'ai l'impression de passer les neuf dixièmes de ma vie à attendre.

Le chauffeur arrive, pas pressé pour un sou. Il tire longuement sur sa cigarette puis l'envoie à terre d'une chiquenaude, tourne autour de la voiture en y donnant des coups de pied dans les pneus, met sa main en visière et scrute le ciel, dit au revoir à ses collègues, se décide enfin à grimper sur son siège qui se trouve juste devant mon nez. Le véhicule s'ébranle, dans un nuage de poussière et au milieu d'une multitude de marchands qui, leurs paniers remplis à ras bord suspendus à leur poitrine ou perchés sur leur tête, proposent d'une voix criarde aux voyageurs des fruits, des gâteaux et des boissons de toutes sortes et de toutes les couleurs.

Après la sortie de Saigon, Maman s'inquiète.

– Tuyêt, tu as bien mis le cadeau pour Hélène dans le sac bleu, comme je te l'avais demandé ?

Hélène est une grande amie de Maman. Elle est française et tient un hôtel à Cap-Saint-Jacques, et c'est là qu'on va.

– Oui Maman, d'ailleurs, le voici, je réponds en lui montrant le paquet. Il est tout léger. Qu'est-ce que c'est ?

– Une écharpe en soie.

– Comme la dernière fois ?

– Elle en raffole, ma chérie.

Maman m'explique que la soie est une matière noble, agréable à porter par tous les temps, et que les écharpes taillées dans ce tissu sont des accessoires indispensables dans la garde-robe d'une femme dont l'élégance s'en trouve rehaussée en une minute et pour pas grand-chose. Je la crois volontiers : ses *ao dai* sont généralement de couleur sobre mais il lui suffit, quand elle sort le soir, d'accrocher à son épaule un de ses grands foulards souples et chatoyants pour devenir encore plus belle et plus distinguée. Je m'envelopperai dans de la soie quand je serai grande.

Pour l'instant, une seule chose me préoccupe.

– Quand arrive-t-on, Maman ?

– Dans deux heures, environ. Tu devrais le savoir : ce n'est pas la première fois que tu y vas.

– Mais j'ai déjà oublié. C'est si loin ?

– Cent vingt kilomètres. Maintenant, arrête de t'agiter et essaie de dormir un peu, tu t'es réveillée à l'aube !

Je n'avais pas bougé, pourtant !

Maman met ses lunettes de soleil et se laisse aller contre le dossier. Je me retourne et jette un coup d'œil sur nos compagnons de voyage. Avec le bruit du moteur, celui du vent, sans compter la chaleur qui s'est intensifiée, aucun ne pipe mot : ils regardent par la fenêtre d'un air absent ou encore s'assoupissent en dodelinant de la tête. Je m'enfonce dans mon siège, ferme les yeux et me pelotonne dans mes pensées.

Cap-Saint-Jacques est ma ville préférée. Ce n'est pas difficile, me dira-t-on, puisque je n'en connais que deux, l'autre étant Saigon. Ça ne fait rien. Je sais que je l'aimerai toujours et plus que toutes celles qu'il me sera donné de connaître plus tard dans ma vie, grâce au bonheur que j'y ai connu et qui est resté inégalé jusqu'à ce jour, et en dépit du chagrin qui a failli m'emporter lorsque ce bonheur a pris fin.

Avec ses plages et sa brise, la ville est une station balnéaire très prisée par les Saigonnais en quête de fraîcheur. Sa réputation a cependant été faite par les Français qui en étaient tombés amoureux et qui l'avaient baptisée Petite-Nice. À son retour du Japon, Maman est venue y faire quelques séjours, s'y est tant plu qu'elle y a acheté une villa.

Ô temps bénis que ceux passés entre les murs de la *Villa Simone*! Maman qui n'était jamais loin, la famille et les amis qui débarquaient en fin de semaine ou pendant les vacances, les jeux sur le sable, les plongeons dans l'eau, les siestes au pied des cocotiers.

La fête que j'ai commencé à croire perpétuelle s'est arrêtée avec la brutalité d'un train fou s'écrasant contre une citadelle lorsque, sans crier gare, Maman m'a annoncé qu'en raison des affaires qui marchaient mal, elle avait dû revendre la villa, que nous n'y retournerions plus jamais, que c'était la dernière fois. Ses mots ont décroché mon cœur de ma poitrine et l'ont jeté par terre où il s'est fracassé en un milliard de morceaux. Parfois j'ai tendance à exagérer mais là, si je dis que le désespoir qui m'a frappée était tel que, sans Maman à mes côtés, j'aurais couru me jeter dans les bras de la mer et les aurais laissés se refermer sur moi pour toujours, il faut me croire. Devant ma détresse, Maman a vite ajouté qu'on reviendrait encore à Cap-Saint-Jacques.

– Mais pour aller où, puisque tu as vendu la villa ? j'ai crié.

Elle a répondu qu'on descendrait à l'hôtel d'Hélène.

– Et comment tu vas faire pour payer, maintenant que tu n'as plus d'argent ? j'ai continué de plus belle.

– L'argent ne détermine pas tout, dans la vie : il ne sert que pour acheter, et certaines choses ne s'achètent pas.

Sur ces paroles, forcément sages puisque obscures à mon esprit, elle m'a dit de me calmer et m'a fait promettre de ne plus jamais me faire de souci pour elle, pour nous, à cause de l'argent.

J'ai pu ainsi continuer à aller Cap-Saint-Jacques où Hélène nous accueillait toujours avec le sourire et nous logeait, soit dans une chambre de son hôtel soit, lorsque celui-ci était complet, dans son propre appartement situé à l'étage.

J'ai mis du temps pour comprendre l'amitié entre Maman et Hélène, si jamais je l'ai comprise.

Les deux femmes se sont rencontrées au cours d'une soirée à l'Alliance française de la ville, peu de temps après l'achat de la *Villa Simone*, et l'objet de leur rapprochement était, à mon avis, Diên-Biên-Phu, un endroit situé dans le Nord, à la frontière avec le Laos : il revenait régulièrement dans leurs conversations. Je le savais pour avoir appris à laisser traîner mes oreilles quand Maman bavardait, chaque fois que cela me permettait d'en apprendre plus sur sa vie.

J'avais déjà entendu parler de Diên-Biên-Phu avant de connaître l'histoire d'Hélène. Impossible de faire autrement : avec son côté ombre et son côté lumière, il hante l'esprit de tous les Vietnamiens. Des Français aussi, d'ailleurs, qui l'appellent la Cuvette, ou encore le Tombeau.

L'endroit est une immense plaine entourée de collines luxuriantes. Avant tout, il possède une particularité : son nom ne se prononce presque jamais seul, du moins dans la bouche de ceux qui, comme Maman, se considèrent « en exil dans leur propre pays ». Une traîne de mots pend à sa suite et le prolonge, telle une peine, une chaîne, une fatalité, et cela donne : « *Diên-Biên-Phu, ngay ma dât nuoc chia dôi* », « Diên-Biên-Phu, le jour où la Patrie se divisa en deux ». C'est un nom bien long, se disait la toute petite fille que j'étais, trop petite pour comprendre le sens des mots, s'évertuant simplement à le répéter dans son entièreté en s'aidant de ses doigts pour n'en laisser échapper aucune syllabe. Et la comptine chantait : « *Diên-Biên-Phu, ngay ma dât nuoc chia dôi* », « Diên-Biên-Phu, le jour où la Patrie se divisa en deux. » Par la suite, les silences et les soupirs qui ne manquaient pas d'accompagner l'interminable mot me faisaient bien soupçonner quelque chose de triste derrière mais je savais déjà, à ce moment-là, qu'il y avait toujours quelque chose de triste quand il s'agissait du Nord, et qu'il y en aurait toujours. Que c'était comme ça et qu'il ne fallait pas chercher plus loin. Puis j'ai compris qu'une grande bataille avait eu lieu à cet endroit après laquelle un « rideau de fer » était tombé sur le « dix-septième parallèle », le long d'une rivière paisible qui s'appelle Bên-Hai et qui a ainsi divisé le pays en deux camps, dressés l'un contre l'autre. Et le « nom bien long » s'était révélé du coup nettement plus court en vérité. Je l'avais amputé de sa traîne, à défaut de pouvoir le débarrasser de sa fatalité. En effet, et selon les dires des grands, si la bataille avait permis aux Vietnamiens de récupérer une liberté confisquée par les Français pendant plus de cent ans, ç'avait aussi été dans son sillage que, par un diabolique tour de passe-passe, le « rideau de fer » était tombé et les avait divisés. Ainsi était le double visage de Diên-Biên-Phu : une victoire retentissante et une intime défaite. Ainsi était sa fatalité : avoir rendu à un pays sa liberté pour ensuite le couper et faire de ses enfants des frères ennemis.

Maman refuse l'idée que mon père puisse être son ennemi : elle dit qu'il est mort. Mais pas n'importe où : à Diên-Biên-Phu ! C'est-à-dire avant que le Nord soit devenu communiste. Cela lui permet de soutenir tout à la fois qu'il est resté jusqu'au bout fidèle à leur « cause commune », le « nationalisme », et qu'il a combattu et donné sa vie pour la liberté. Elle n'a aucune preuve de ce qu'elle prétend mais en parle comme d'une réalité. Elle a même accroché au-dessus de son bureau une grande carte de la plaine sur laquelle elle a fait des annotations compréhensibles d'elle seule, et dans sa bibliothèque figure un gros livre sur la bataille dont les pages s'ouvrent d'elles-mêmes sur certains passages tandis que d'autres sont marqués par des signets. La famille a beau claquer la langue, elle s'en moque. Et quand on lui explique que son comportement ne fait que traduire sa volonté de conserver de mon père la dernière image qu'il lui a laissée, soit celle de la photo où, en tenue de maquisard, il sourit et gratte une guitare à la lisière de la forêt, elle répond par-dessus son épaule : « N'en ai-je pas le droit ? ». Elle n'est cependant pas allée jusqu'à mettre la photo sur l'autel des disparus.

Hélène, quant à elle, sait que son mari est mort. À Diên-Biên-Phu, bien sûr. Aucune carte sur ses murs. Elle n'en a pas besoin. Tout est dans sa mémoire car ce que son amie voit sur une reproduction, elle l'a vu dans la réalité : elle est allée sur place voir la cuvette dans laquelle son mari a sauté pour ne plus se relever.

Cela s'est passé le 5 mai 1954. Le monde entier savait, depuis des semaines, que les soldats français n'avaient plus aucun espoir de gagner : ils étaient privés non seulement des renforts demandés auprès de leur pays mais également du soutien de leur aviation, à cause du mauvais temps. Paul Montjoie aussi le savait, mais il avait sauté du ciel avec son parachute, de son plein gré. Il avait tenu à le faire pour montrer à son pays, la France, qu'il existait des hommes d'honneur, des hommes pour qui l'amitié et la solidarité voulaient dire quelque chose. Car il n'était pas le seul volontaire à rejoindre ainsi ses frères d'armes piégés dans la Cuvette. Tout son régiment avait fait comme lui – cent soixante hommes au total – et beaucoup en étaient morts, loin de leur pays, sur une terre devenue, à deux jours de la fin et bien avant déjà, une terre de tranchées, de boue, de sang et de larmes.

Telle est l'histoire qu'Hélène raconte à Maman, Maman qui connaît celle de la bataille de Diên-Biên-Phu comme si elle y avait été. Qui dit que, bien sûr, le général Navarre a perdu en raison de l'abandon de son gouvernement et du mauvais temps, mais aussi à cause de la stratégie appliquée par le général Giap et définie par la formule : « Il faut obliger l'adversaire à manger sa soupe avec nos baguettes. » Qui rappelle que le plan des Français en établissant leur base dans la plaine était d'y attirer un ennemi autrement insaisissable et de le détruire grâce à leur puissance de feu ; que pour déjouer le piège et le retourner contre ses propres auteurs, les Vietnamiens avaient, très tôt, investi les hauteurs des collines ; qu'ils y avaient hissé, sous le couvert des feuillages et à la force du poignet, jour après jour et centimètre par centimètre, les deux cents canons offerts par la Chine et auparavant démontés pièce par pièce par leurs soins avant d'être réassemblés une fois là-haut ; qu'ils les avaient ensuite pointés vers la base sur laquelle ils avaient finalement déferlé, vague après vague, jour après jour et ce, pendant près de deux mois. Jusqu'à la capitulation française.

Le Tombeau s'est refermé, le 7 mai 1954, sur mille six cents Français et sept mille six cents Vietnamiens.

Hélène s'y est donc rendue, afin d'adresser un dernier hommage à son mari. Elle en fait le récit à Maman, Maman qui boit chacun de ses mots, qui imagine sans peine ce que son amie lui décrit : cette immense plaine perdue au milieu des collines battues par les vents, ce gigantesque théâtre d'opération où les passions se sont déchaînées, cette nature dévastée qui exhalait encore la fureur des combats par tous ses pores. Cet endroit où le Grand Soir était tombé sur tant de vies. Devant l'infinie désolation, Hélène s'est inclinée, a mesuré la futilité des choses et des gens. Sa rancœur s'est apaisée, son chagrin s'est adouci. De retour chez elle, elle a rassemblé ses affaires et est revenue s'installer à Cap-Saint-Jacques avec ses deux filles, Marguerite et Nicole, aujourd'hui âgées de douze et dix ans. Ainsi est né son hôtel dont le succès ne s'est pas fait attendre : ses compatriotes, mis au courant de son histoire, ont en effet accouru, intrigués par cette femme prise d'amour pour un pays qui lui avait été si cruel. Ils composent, depuis, la majeure partie de sa clientèle et de ses amis.

De l'histoire d'Hélène et de celle de Maman, ces deux femmes qui ont cherché l'oubli chacune à sa façon, laquelle est la plus triste, ou la plus belle ? Je ne sais pas. Peut-être sont-elles simplement émouvantes. Et je suis heureuse qu'elles les aient réunies.

Il fallait les voir ensemble, aux premiers temps de leur rencontre. Installées à la terrasse de la villa ou de l'hôtel, elles parlaient de leur perte, chacune cherchant à entendre chez l'autre les mots qui l'aidaient à se souvenir sans souffrir.

Hélène disait que son mari était mort pour rien, que tous ces soldats de France venus de si loin étaient morts pour rien puisque leur pays, après les avoir envoyés se battre en son nom, a renié leur action. Hier héros adulés, aujourd'hui personnages encombrants, en somme, leur vie n'avait aucune valeur.

Maman parlait de destin, de vents qui changent de direction, de la marche inexorable de l'Histoire.

Hélène disait que cela n'empêchait pas ceux qui restaient de pleurer.

Maman parlait de la fidélité à soi-même, du courage de faire ce qu'on croit juste, jusqu'à la mort s'il le faut : Paul Montjoie était un homme à aimer et à admirer.

Maman ajoutait, les yeux brillants : « Comme le père de Tuyêt. »

Hélène répondait : « Bien sûr. »

Hélène croit-elle ou non à l'histoire de Maman qui, parfois, s'embrouille un peu en la racontant ? Si c'est le cas, elle doit se dire que son mari a fort bien pu se trouver face à celui de Maman, deux soldats hâves dressés l'un contre l'autre dans une lutte sans merci comme deux fantômes perdus dans une nuit sans étoiles. Elle pourrait aussi penser que les deux hommes sont allongés sous la même terre, pour toujours, mais de part et d'autre de la ligne, à Diên-Biên-Phu. Ennemis de hasard que la mort réunit. Alors, je trouve leur amitié admirable.

Debout, le regard fier et les joues rosies par le vent, je conduis mon char vers l'hôtel d'Hélène : le cocher m'a en effet laissé tenir les rênes de son cheval !

Après force de « Hue ! Hue ! » et de « Klop, Klop ! », nous arrivons.

L'hôtel – à vrai dire une grosse villa avec des annexes sur les côtés, des tuiles rouges, des murs blanchis à la chaux et une merveille de terrasse – est situé face à la mer dont il est séparé par une rue bordée de platanes, une promenade cimentée et une large plage de sable en pente douce et plantée de cocotiers. Sur la plage, des kiosques proposent boissons fraîches et chaises longues, la nourriture est assurée par les marchands ambulants qui la transportent aux extrémités de leur palanche. Quant à l'ombre, il suffit de se mettre au pied des cocotiers.

Dans le tourbillon et le frou-frou de sa jupe à volants, parée d'un sourire lumineux, Hélène vient nous accueillir. À peu près du même âge que Maman, elle possède un beau visage avec des yeux noisette, des cheveux brun foncé, courts et bouclés, une bouche aux lèvres minces mais bien dessinées. Comparée aux Vietnamiennes, elle a des centimètres en plus un peu partout, à la taille, à la poitrine et sur la tête.

Elle dit bonjour à Maman, lui reproche d'avoir laissé passer une éternité depuis sa dernière visite, m'ébouriffe les cheveux puis nous guide vers notre chambre. Cette fois-ci, à cause de la durée de notre séjour, Maman a insisté pour en réserver une et la payer.

À peine sommes-nous installées que surgit Nicole, rouge d'excitation.

Nous nous sommes connues à l'école de Béthanie où elle était externe et m'apportait régulièrement de bonnes choses à manger qu'elle prélevait dans la cuisine, un ravitaillement qui m'a permise de survivre aux menus spartiates du couvent.

– Tu viens jouer ? me demande-t-elle sans ambages et toutes fossettes dehors, comme si on s'était quittées hier.

Nous allons d'abord dans sa chambre. Elle veut jouer à la dînette, avec ses millions de poupées. Je fais la moue, propose la plage. Quelques minutes après, nous barbotons dans l'eau, sautons dans les vagues puis nous affalons, haletantes, sur la plage.

Face au ciel, les bras en croix, les yeux fermés, j'exhale un long soupir d'aise : cela fait dix siècles que je n'ai plus connu pareille béatitude ! Et elle va durer un mois ! Trente jours et trente nuits !

Je me retourne sur le ventre. Le sable mouillé est couvert de minuscules monticules formés par des travailleurs infatigables : jour et nuit, ils creusent, creusent. On les appelle les crabes de sable. Je les montre à Nicole :

– Tu sais pourquoi ils n'arrêtent pas de creuser ?

– Non. Pourquoi ?

– Parce qu'ils sont à la recherche de leur âme.

– Qu'est-ce que tu inventes encore : elles n'ont pas d'âme, ces bestioles !

– Tu n'en sais rien, et je n'invente rien du tout ! C'est un conte que j'ai lu. Tu veux que je te raconte ?

« Il y a longtemps, très longtemps, l'homme pouvait comprendre le langage des animaux grâce à une perle qu'il tenait dans sa bouche. Un jour, il partit en mer. Une baleine apparut et chanta. L'homme trouva la chanson fort mauvaise et cria :

– Tais-toi, grosse baleine, tu me fais mal aux oreilles !

Offusquée, celle-ci se dressa de toute sa hauteur et le tança :

– Pauvre petite créature minable ! Sais-tu à qui tu as affaire ? Au maître de l'océan en personne ! Tu m'as insultée et je vais te punir de ton insolence !

Elle plongea et déclencha une énorme vague. L'homme hurla d'épouvante. La perle lui échappa et tomba dans l'eau. La baleine réapparut :

– Cette perle est en réalité ton âme et c'était par elle que tu pouvais communiquer avec tes frères les animaux. Par ton arrogance, tu viens de la perdre. Te voilà désormais condamné à la retrouver, faute de quoi ton âme ne trouvera pas de repos et errera sans fin, dans la nuit des temps.

Catastrophé, l'homme passa le reste de sa vie à tamiser le sable dans l'espoir de retrouver la précieuse perle. À sa mort, il se changea en crabe afin de pouvoir continuer le travail interrompu, à la recherche de son âme perdue. »

– Ton histoire ne tient pas debout : ton monsieur, il était seul, alors qu'il y a des milliers de crabes de sable qui creusent !

– C'est un conte, et un conte, il ne faut pas chercher à comprendre, il faut deviner. Cela s'appelle une métaphore.

– Une quoi ?

– Une mé-ta-pho-re.

– Tu en as, de ces mots ! Et alors, tu devines quoi, avec ton monsieur et ta baleine ?

– Ben, qu'il ne faut pas se moquer des autres.

– Surtout quand ils sont plus grands que nous ! Ha ! Ha !

Nicole saute sur ses pieds et court vers la mer :

– On va chercher la perle ?

– On va chercher la perle !

Ah ! Que la vie est belle ! Foin de tout ce qui m'a torturée, il y a deux semaines à peine. L'avenir se dessine magnifiquement : Julie et moi avons reçu les prix convoités et, à la rentrée, nous monterons toutes les deux en septième. Au moment des adieux, elle m'a promis de supplier son père pour qu'il ne la change pas d'école. Je croise les doigts pour qu'elle réussisse. Ainsi et avec un peu de chance, nous serons assises de nouveau dans la même classe. D'ici-là, des vacances. Et où, s'il vous plaît ? Ici, dans ma ville !

En quelques jours, ma peau gorgée de soleil, de l'air du large et du sel de la mer a pris la couleur du chocolat au lait. Maman fait des allers-retours avec Saigon. Elle discute souvent « politique » avec Hélène, ou avec d'autres. À voir l'expression de tout le monde, les choses ne sont pas près de s'arranger, pour M. Diêm. Je la laisse faire : à l'ombre des parasols de la terrasse ou allongée sur la plage, j'initie Nicole aux contes du Viêt-Nam.

Tous les samedis soirs, l'hôtel est en fête. Les arbres de la terrasse rient de se voir habillés de lumière, un orchestre vivant fait vibrer la nuit avec un répertoire hétéroclite de mélodies vietnamiennes, françaises et américaines. Les clients prennent l'apéritif, dînent et dansent. Ils tournoient, virevoltent, glissent. Nicole et moi, on fait des rondes endiablées en nous tenant par les mains.

Ce soir, nous n'en pouvons plus. Cramoisies et échevelées, nous nous laissons choir sur un muret qui donne sur la promenade, soufflant et nous éventant avec nos jupes.

De l'intérieur de l'hôtel, une silhouette s'avance vers les danseurs. Je me frotte les yeux. Quand je les rouvre, elle a disparu.

Je n'entends plus la musique. Je n'entends que mon cœur qui ne bat plus.

Mon regard fouille la foule. Tourbillons. Vertige. Rien. Une main invisible tourne ma tête du côté de la plage. La silhouette est là. Toute proche. De moi. De Tuyêt. Elle ne bouge pas. Les mains dans les poches, elle respire la nuit.

Nicole court nous chercher à boire puis, requinquée, me tire par la main.

– Viens ! on retourne danser.

– Non !

– Tant pis pour toi alors.

Je suis seule.

Mes pas vers la silhouette se font légers. Pour qu'elle ne s'effraye pas, pour qu'elle ne s'envole pas, je m'arrête légèrement en retrait.

– Monsieur, fais-je doucement.

La musique, le chant des grillons, le clapotis des vagues l'empêchent de m'entendre.

– Monsieur ! je répète d'une voix plus affermie, en avançant d'un pas.

Elle fait un quart de tour, m'aperçoit, me sourit :

– Oui ?

Sous la lumière dorée du lampadaire, les traits se dessinent un à un. Mes yeux s'écarquillent, catastrophés : ce ne sont pas les siens !

– Oui ?

Le désespoir me liquéfie. Je baisse la tête et bafouille lamentablement :

– Pardon, Monsieur. Je me suis trompée, j'ai cru que vous étiez quelqu'un d'autre.

– Et qui est ce quelqu'un d'autre, si je puis savoir ? demande l'homme d'une voix amusée.

– C'est un journaliste français. Il est grand comme vous, il est mince aussi et il met ses mains dans les poches, tout comme vous maintenant. C'est pour ça que je me suis trompée.

Ma voix doit être d'une tristesse infinie car l'homme ne sourit plus.

– Comment s'appelle-t-il ?

– Je ne sais pas, et je ne suis même pas sûre qu'il existe. J'imagine plein de choses, vous savez. Mais la bombe qui a explosé, je ne l'ai pas imaginée.

Un grillon soupire. Une vague se brise. Il se penche, me relève délicatement le menton.

– Moi, j'existe vraiment et je m'appelle David. Et toi, comment t'appelles-tu ?

– Je m'appelle Tuyêt.

– « Neige », n'est-ce pas ? Voilà un fort joli nom. Eh bien, Tuyêt-Neige, je vais t'avouer une chose : cette musique me fatigue. Je propose qu'on aille s'asseoir sur la plage et que tu me racontes tout ça, si tu en as envie, bien sûr.

J'ai envie.

Sur le sable, devant la mer, sous les étoiles, je confie à David mon secret.

Les mots longtemps emprisonnés percent mon cœur pour s'échapper, se bousculent dans ma gorge, trébuchent sur mes lèvres, se libèrent, pêle-mêle. Ce que j'ai tu pendant si longtemps à ceux qui me sont proches, je le déballe sans façon devant un inconnu. Entièrement. Soit tout ce qui, depuis un certain dimanche rouge et un incertain dimanche bleu, a fait mes joies et mes chagrins, mes espoirs et mes déceptions, ma folie et ma sagesse.

Pas une fois David ne m'interrompt. Quand j'ai terminé, il s'étonne doucement :

– Et tu as gardé tout cela pour toi ?

Comment lui dire ?

Décide-t-on des choses qui arrivent ? Quand le vent souffle, la feuille danse.

Je lui raconte Maman, Plus Tard, le Reste, comme je peux.

J'ai arrêté de parler. Il ne bouge pas. M'a-t-il écoutée ? A-t-il compris ce que je disais ? Le visage tendu vers l'horizon, il a l'immobilité intense d'une statue antique façonnée par les dieux. Bouleversée malgré moi, je l'imite et me fige, de la pointe de mes nattes jusqu'au bout de mes orteils. Nous faisons partie de la nuit, du temps. Au même titre que la beauté des vagues ourlées d'écume qui meurent et renaissent en contrebas, dans un mouvement fixé depuis l'éternité. Au même titre que la désespérance de ce personnage fascinant et pitoyable dont l'ombre surgit devant mes yeux : le Seigneur des vagues.

C'était un homme sans âge. Il venait tous les jours, aux heures de basse marée. Debout au bord de l'eau, la tête hirsute, la poitrine creuse et nue, le bas du corps ceint d'un linge noué à l'indienne, les jambes raides et desséchées comme du vieux bambou, il parlait aux vagues. Quand elles arrivaient, il les accueillait de ses bras grands ouverts et criait : « Approchez ! Approchez ! ». Quand elles se retiraient, il les repoussait de ses mains jetées en avant et criait encore : « Allez-vous-en ! Allez-vous-en ! ». Pour les curieux qui formaient cercle autour de lui, il bombait le torse et riait en montrant des dents étonnamment blanches : « Je suis le Seigneur des vagues : voyez comme elles m'obéissent ! » Certains se moquaient de lui, d'autres le prenaient en pitié, les enfants lui jetaient des boules de sable. Il n'en avait cure. Il était au-dessus d'eux : ne haranguait-il pas la mer ? Il en apportait la démonstration. Tous les jours. Quand la marée baissait. Elle avait, disait-on, emporté sa femme et sa petite fille. De ce double et cruel enlèvement, elle n'avait daigné lui restituer, en tout et pour tout, qu'une misérable chemise échouée sur la plage, celle qu'il nouait autour de ses reins.

Enfin, la voix de David s'élève. Il sort du silence pour parler des silences. Pour dire qu'ils ne sont pas anodins, qu'on ne se tait pas par hasard. Maman et moi, par exemple, nous le ferions pour nous protéger mutuellement, elle en me demandant d'attendre plus tard, moi en lui cachant aujourd'hui. Préserver l'autre, se préserver : pour lui, les silences ont toujours une fonction et un danger, celui de devenir, s'ils durent trop longtemps, des tunnels où l'on s'égare souvent, où l'on se perd parfois.

Parle-t-il pour lui ? Parle-t-il pour moi ? David m'emmène sur une terre où bruissent et se meuvent ombres et mystères. Une terre inconnue et peu rassurante. Je n'en demande pas tant. Je vois pourtant très bien le tunnel dont il parle. J'y suis sans aucun doute mais, faut-il encore le répéter, il ne m'est plus possible de reculer. Maman ne comprendrait jamais (le demande-t-elle, d'ailleurs ?). Il va me falloir trouver seule la sortie.

– Ce dépassement de moi dont Maman me parle, vous savez ce que cela veut dire ?

Il se penche, ramasse une brindille, la porte à sa bouche et la mâchouille.

– Pendant des années, je fumais deux paquets de cigarettes par jour. Je toussais comme un damné mais je continuais à fumer, consciencieusement. La cigarette était devenue une drogue chez moi, ou, si tu veux, j'étais devenu son esclave. Pas de quoi me glorifier ! Alors j'ai décidé d'arrêter. Cela a été très dur, je te raconte pas, mais j'ai réussi. C'est un petit exemple du dépassement de soi.

La lune est à son premier quartier. La mer est une masse sombre que domine un ciel de velours noir piqué de diamants inaccessibles. Je suis une étoile éteinte.

– Alors, pour moi, c'est fichu : le journaliste, je n'ai pas réussi à l'oublier. Je croyais, mais ce n'est pas vrai.

David arrête de mâchonner.

– Pourquoi veux-tu l'oublier ?

Il a posé sa question calmement, d'une voix douce. Elle n'en sonne pas moins comme une désapprobation à mes oreilles et m'étonne. Ou alors, je n'ai rien compris.

– Pour le dépassement de moi, hasardé-je en lui lançant un regard en biais.

– Ah !

– Pour le dépassement de moi afin de faire plaisir à Maman, me tortillé-je à présent.

– Ah !

Et parce que ses « Ah ! » sont de la même veine que sa question – c'est-à-dire légers comme un souffle –, les larmes me montent aux yeux.

J'ai peur de l'ombre, celle des nuits comme celle des mots. J'ai envie de lumière. Qu'on m'approuve : « C'est très bien, Tuyêt, tu es une petite fille sage, raisonnable, mûre pour ton âge ; ta maman peut être fière de toi. » Et si on ne le peut, qu'on me dise pourquoi. Je n'ai pas besoin de demi-silences.

Qu'est-ce que je fais ici ? Ne devrais-je pas retourner danser avec Nicole au lieu de rester pleurnicher aux côtés de cet homme qui se statufie de nouveau, après des ah ! qui ne veulent rien dire ? Que lui importe-t-il, après tout, de savoir ce que je fais, ce que je pense, ce que je vis ? Demain, tout à l'heure, il m'aura oubliée. Comme m'a déjà oubliée le journaliste français.

Ma voix résonne de défi :

– Parce qu'il vaut mieux : ou bien il n'existe pas et c'est bête de continuer à penser à personne, ou bien il existe mais je ne suis plus rien pour lui, et c'est encore plus bête !

Au large, les pêcheurs jettent leurs filets. Portées par le mouvement de l'eau, leurs barques oscillent, dont les lampes-tempête trouent la nuit de leurs points dorés. Lucioles de mer, dansez-vous pour le plaisir des sirènes ?

À intervalles réguliers, le phare dont la tour se dresse au sommet de la montagne toute proche balaie la mer obscure de sa lumière rassurante. Mes yeux se ferment et s'ouvrent tour à tour en essayant de se calquer sur sa fréquence. Le reste de mon corps ne frémit pas d'un cheveu. Je peux être butée. Mon voisin ne bouge pas ? Moi non plus. Il se tait ? Moi aussi. Et on va voir qui flanchera le premier.

Du coin de l'œil et entre deux battements de paupières, je vois David ramasser une nouvelle brindille et la porter à sa bouche. Je ne bronche pas. Au bout d'un moment, il dit :

– Écoute, je repars pour Saigon demain. Si tu veux, je vais enquêter pour toi.

Je laisse le phare travailler tout seul et me tourne précipitamment vers lui.

– Vous allez essayer de trouver Coca-Cola ?

– Qui ? Ah oui, le vendeur de boissons. Non, non, petite fille. Je vais demander aux journalistes de ma connaissance lequel d'entre eux est notre héros. J'espère qu'ils ne lèveront pas tous le doigt ! Et si aucun ne le fait, je m'adresserai directement à leur association. Je me débrouillerai, ne t'en fais pas. Ce qui ne veut pas dire que je réussirai. D'accord ?

Adieu misère ! Adieu colère ! Revoici l'espoir ! Je suis une étoile qui brille d'un éclat à ce jour inconnu.

– D'accord !

– Parce qu'il est très important que tu le comprennes, insiste-t-il.

Mais j'ai déjà compris ! Je plante mes yeux dans les siens :

– Je ne serai pas trop triste si vous ne le retrouvez pas.

Il sourit :

– C'est très bien, Tuyêt-Neige. Bon, réfléchissons. Est-ce que tu seras encore à Cap-Saint-Jacques la semaine prochaine ?

– Oui, j'habite à l'hôtel jusqu'à la fin du mois. Maman est une grande amie d'Hélène.

– Alors, on se retrouvera ici, même jour même heure. Disons huit heures. Ça te va ? Tu pourras t'arranger ?

J'inventerai, je mentirai, je m'enfuirai, mais je serai là !

– Bien sûr !

– Parfait alors.

Sa voix se fait malicieuse :

– Cela fait longtemps que je n'ai plus donné de rendez-vous à une femme.

– Moi, ce sera la première fois que j'aurai rendez-vous avec un homme.

J'ai dû dire quelque chose de très drôle car il me contemple, les sourcils perplexes, puis rejette la tête en arrière et la nuit s'emplit de son rire qui monte, qui monte vers le ciel.

– Vous riez comme le journaliste français.

Je commence à attendre. J'attends en mangeant, j'attends en jouant, j'attends en dormant. Ma vie est une attente.

Nicole a boudé des heures parce qu'elle m'avait cherchée partout sans succès et surtout parce que je ne voulais pas lui dire où j'étais passée, samedi soir. Elle a arrêté en apprenant qu'Hélène la changera d'école à la rentrée, et la mettra dans la mienne où elle sera également pensionnaire. Du coup, c'est devenu notre principal sujet de conversation. Je lui décris ci, je lui raconte ça. Sœur Thérèse, Julie, l'Autorité, le trousseau, ses deux robes blanches du dimanche et ses douze mouchoirs, le riz pas bon. Bref, le monde de Claire. Nous continuons à nager et à faire la sieste au pied des cocotiers. Ma peau pèle et s'en va par plaques entières. Comme un serpent, je mue.

Les lampions se sont allumés. Les musiciens accordent leurs instruments. Sur les tables, les nappes frémissent d'impatience. Un garçon saupoudre la surface carrelée de la terrasse avec du talc, afin que les pieds glissent avec plus d'aisance, que les jambes virevoltent avec plus de grâce. Les clients arrivent, en couple ou en groupe. Maman est à la table d'Hélène, un porte-cigarettes à la main, un sourire radieux sur les lèvres, les épaules habillées d'un carré de soie. Sa beauté m'attendrit. J'aime quand elle s'amuse, quand elle prend le temps d'être heureuse. Les hommes ne manquent pas qui se retournent sur son passage, mais elle semble si lointaine, si altière. C'est une pitié.

L'heure approche. Dans ma poitrine, mon cœur tour à tour s'affole et oublie de battre.

Que faire de Nicole ? Si j'étais méchante, je la surnommerais « la Colle ». En plus, ça rime avec son nom ! Elle m'entraîne sur la piste. Nous tournons, tournons. Je suis fatiguée, je crie. Déjà ? elle crie aussi. Nous nous asseyons sur le muret. Je me frotte le ventre en grimaçant. Tu as mal ? Je frotte et grimace de plus belle. Tu veux que j'appelle ta maman ? Non ! Je me traîne jusqu'à ma chambre. Elle me suit. Tu veux que je reste avec toi ? Non ! Alors, à demain.

Je sors par derrière, enfile une ruelle et débouche sur la promenade.

Pendant que mes pieds s'enfoncent dans le sable en direction de l'endroit du rendez-vous, un doute affreux me saisit : David sera-t-il là ? Tiendra-t-il sa promesse ? M'aura-t-il oubliée ? Les personnes gentilles ont le don de disparaître. Le bonheur est parfois si bref qu'il en devient douloureux au souvenir.

Non, pas cette fois-ci. Je le vois. Il se promène au bord de l'eau. Il m'aperçoit à son tour et remonte. Le vent m'apporte sa voix :

– Bonsoir Tuyêt-Neige. Comment vas-tu ?

Je ne réponds pas parce que je ne sais pas comment je vais. Que va-t-il me dire ? Que va-t-il m'apprendre ? J'ai peur d'avoir mal. J'ai envie de m'enfuir. Il est encore temps.

Il est déjà trop tard. David me prend la main, m'assoit à ses côtés. J'attends. Il ne tarde pas. Il dit :

– Je ne l'ai pas retrouvé.

J'ai très froid tout à coup. C'est tout. Statue antique au corps de pierre et au cœur inexistant, je contemple la mer. Dans le vent, j'entends les chansons de Tante Hinh, belles et mélancoliques. On est si peu de choses devant le destin.

David parle. Aucun doigt ne s'est levé parmi les journalistes abordés. À l'association, rien non plus. Mais, suis-je bien sûre du nom du journal ? Je secoue la tête, affligée de ne plus l'être de rien. L'ai-je déjà vu ? Oui, il y a quelques mois, à la bibliothèque de l'école. Il a attiré mon attention car les lettres de son nom étaient bizarrement tracées : il n'y en avait aucune qui était ronde, même pas le « O ». Sœur Thérèse m'a expliqué que c'était l'écriture gothique. Elle a ajouté que le journal venait d'arriver en « contrebande » de France, dans les bagages d'une religieuse.

David réfléchit tout haut :

– Peut-être as-tu mal entendu ce que disait le journaliste et remplacé, sans le savoir, le nom de son journal par celui que tu connaissais, *Le Monde*. Cela arrive, tu sais, qu'on soit grand ou petit.

– Peut-être. Ou alors, j'ai tout inventé : il n'y a aucun journaliste.

Il secoue la tête, dit qu'il ne le pense pas, ramasse une brindille et, entre deux mâchonnements, se lance dans une explication d'où je comprends confusément qu'il y a plusieurs sortes de journalistes : ceux qui travaillent en permanence pour un même journal, ceux qui le font occasionnellement et parfois pour plusieurs journaux en même temps, et ceux qui ne sont rattachés à aucun : ils vendent leurs articles au journal qui leur plaît et voyagent beaucoup. Si ça se trouve, l'homme qui m'intéresse pourrait être, en ce moment même, à l'autre bout du monde.

Une seule conclusion s'impose, amère :

– Alors, il m'a oubliée !

David secoue encore la tête, répète qu'il ne le pense pas, précise qu'il ne s'agit que d'une hypothèse. Ajoute qu'on ne fait pas toujours ce qu'on veut, que la vie sépare sans que l'oubli soit inéluctable. Que les beaux moments qui nous ont été accordés nous appartiennent pour toujours, qu'ils forment notre richesse et constituent notre force. Il parle en regardant la mer. Sa voix est douce.

Je trouve une beauté mélancolique à sa façon de s'exprimer, de dire les mots, comme s'il était entré en lui-même pour les chercher, les arracher de lui et les libérer de leur nuit. Je sens qu'ils ne s'adressent pas seulement à moi mais aussi à lui. Mon cœur n'en devient que plus lourd. Ma main se glisse dans la sienne. Lorsqu'il déclare – ne faisant ainsi que confirmer ce que j'ai commencé à soupçonner –, que le bonheur est inséparable du chagrin comme l'est le jour de la nuit, que sans l'un on ne saurait connaître l'autre, mon âme abdique et s'en va demander asile chez les étoiles.

– Je prends l'avion pour la France la semaine prochaine, dit David. Je pourrai continuer les recherches sur place, m'adresser au *Monde.* Là, ils pourront me dire quoi.

Mes larmes affluent. Je n'essaie pas de les retenir. Je sais que c'est déjà trop tard, que cet homme à côté de moi, j'aimerais le revoir, lui aussi, et mes larmes sont là pour me dire que rien n'est moins sûr. Qu'elles coulent, puisque c'est la vérité.

– Alors, vous reviendrez au Viêt-Nam ? fais-je au bout d'un moment, en enfonçant mes orteils dans le sable frais, en essayant de ne pas espérer.

Il prend son temps, embrasse la mer, la nuit du regard, et c'est à elles qu'il répond :

– Je reviens toujours au Viêt-Nam. C'est le pays où je suis né, il y a trente-deux ans.

Il s'arrête encore, s'écoute, voit ce que je ne vois pas.

– J'aime ce pays, j'aime ses gens. J'ignore où il va et j'ai peur pour lui. Dieu sait qu'il m'en a fait voir, pourtant ! Oui, je reviendrai, aussi longtemps qu'il me sera permis de le faire. Je suis en exil, loin de lui.

Il a dit cette dernière phrase comme on pleure.

Sa peine si profonde m'éloigne de la mienne et me désempare. La tristesse des grands fait-elle aussi mal que celle des enfants ?

Je saute sur mes pieds et tire David par le bras :

– Venez, je vais vous montrer quelque chose.

La lune s'est arrondie. Dans sa clarté, nous courons vers la mer. Sur le sable mouillé, je m'accroupis. Les minuscules crabes sont là, affairés, inlassables, dans leur quête vaine. Je conte à David l'origine de cette malédiction dont ils sont frappés, pour l'éternité. Mal m'en a pris car la légende, au lieu de le distraire, le plonge dans une étrange réflexion. Le monde, dit-il, est un gigantesque crabe de sable car il est peuplé de gens à la recherche de leur âme. De nouveau, j'ai l'impression qu'il parle pour lui.

– Il se fait tard. Veux-tu qu'on rentre ?
– Oh non ! c'est les vacances !
– Alors, marchons encore un peu, tu veux bien ?
– J'ai envie de courir. On fait la course ?
– D'accord.

Mais déjà je suis partie. Mes jambes volent sur le sable, mes bras s'ouvrent au vent, ma tête touche les étoiles. Sous mes pas naissent des « S » efflanqués comme mon pays, des « O » ronds comme la terre. David me rattrape, me soulève, me fait tournoyer. La plage est notre piste, la mer est notre musicienne. Nous valsons. La lune rit de me voir si heureuse.

David me porte dans ses bras pour rentrer. Malgré mes efforts pour la tenir droite, ma tête dodeline et finit par tomber sur son épaule. Il doit le sentir car l'étreinte de ses bras se resserre. Je lutte pour ne pas m'endormir. Des instants comme celui-ci, je ne veux pas en perdre une miette. Ils sont rares dans ma vie. La dernière fois, c'était avec le journaliste français. Quant à l'avant-dernière fois, je ne m'en souviens pas.

Sur la terrasse, les danseurs évoluent au rythme d'un tango. Au gré des pas tantôt longs tantôt courts imprimés par leur cavalier, les femmes enlacées s'abandonnent, s'échappent, reviennent, renversent leur tête en arrière dans un mouvement languissant avant de la relever, les reins cambrés, le menton altier, pour entamer un nouveau tour de piste.

Nous contournons l'hôtel pour emprunter la porte arrière. Avant de la passer, David me dépose sur un muret et enveloppe mes mains dans les siennes.

– Tuyêt-Neige, je sais que tu es très fatiguée mais j'aimerais que tu écoutes attentivement ce que je vais te dire. Je ne devais pas revenir à Cap-Saint-Jacques aujourd'hui. Je l'ai fait uniquement pour toi, parce que je te l'avais promis. Et je ne le regrette absolument pas, bien au contraire. Avec toi, j'ai pu être moi-même, tomber le masque, danser une danse pure et magique. Je ne sais pas si tu comprends ce que je veux dire. Disons que tu m'as apporté quelques très beaux instants… Demain, à la première heure, je repars pour Saigon. Dans quelques jours, je serai en France. Avec de la chance, je reviendrai ici vers la fin de l'année. Nous nous reverrons peut-être. Hélène pourra toujours me dire comment te retrouver. Mais je ne peux rien te promettre. Alors, il est très important que tu te mettes dans la tête, pour toujours, mes paroles de tout à l'heure : la vie sépare mais elle n'oblige pas à oublier. Les personnes qu'on aime vraiment, on les garde dans notre cœur, bien au chaud. Elles nous accompagnent, où que nous allions. Tu seras toujours dans le mien, et je suis sûr que c'est la même chose avec le journaliste que tu as rencontré.

Je suis restée à Cap-Saint-Jacques tout le mois de juillet. À mon retour, Saigon arbore la même physionomie que celle qu'elle affichait lorsque je l'ai quittée : les rues n'ont pas changé de place ni de nom, les ronds-points ne sont pas devenus carrés, la circulation est toujours virevoltante et pétaradante et les femmes continuent à se mouvoir avec la grâce des papillons que leur confère leur *ao dai.*

Bien sûr, avec la saison des pluies, la végétation est devenue plus luxuriante.

L'autre changement est moins visible : il faut le humer dans l'atmosphère un peu plus électrique, le deviner dans le sourire des gens un peu moins franc. On s'aperçoit alors que la présence des militaires s'est étendue aux zones jusque-là dédaignées, que la garde a été renforcée aux abords des lieux stratégiques : le palais présidentiel, l'Assemblée nationale, les temples bouddhistes. La nuit, des néons de couleur dessinent sur les devantures des salles obscures un nom récemment apparu dans mon vocabulaire : bar.

Le pouls de la ville bat sur un autre rythme, incontestablement et imperceptiblement.

J'ai eu beaucoup de peine en rentrant à la maison car Chi Hai a été remplacée par une nouvelle cuisinière que nous continuons à appeler Chi Hai, Sœur aînée, comme de coutume. De crainte de gâcher mes vacances, Maman avait attendu le dernier moment – celui où nous bouclions nos valises – pour me l'annoncer. « Mais pourquoi ? » m'étais-je écriée, les larmes aux yeux. J'avais appris alors que ma Chi Hai était communiste, qu'elle travaillait pour le Nord, notre ennemi. J'ai dit à Maman qu'elle se trompait, que Chi Hai ne pouvait pas être notre ennemie, mon ennemie. Maman a répondu qu'elle ne l'avait pas toujours été, qu'elle l'était devenue depuis peu, à cause de M. Diêm et de sa politique de persécution des bouddhistes, un véritable « tapis rouge » déroulé devant les hommes du Nord, a-t-elle rappelé. « Elle n'est pas en prison quand même ? » j'ai demandé, consternée. Maman a dit que si mais qu'elle cherchait à la faire libérer parce que des gens comme Chi Hai étaient de simples victimes, les coupables étant M. Diêm et sa famille – cette Mme Nhu surtout, qui se pavanait sur des talons aussi pointus que son sourire. Certaines images de Chi Hai me sont alors revenues : sa tristesse quand elle évoquait l'absence de choix dans la vie pour des « gens comme elle », son air fermé lorsque je lui avais demandé si elle avait un secret, la violence de sa réaction quand je l'avais comparée à Maman soudain devenue son ennemie. Je n'avais rien compris.

Maman a recommencé à courir, plus que jamais. J'ai bien veillé à me faire toute petite pour ne pas la déranger. J'ai même accepté d'aller plusieurs fois passer la journée chez Tante Hinh, malgré la présence des Affreux toujours aussi affreux.

Fleur de Nacre n'arrête pas de soupirer à la lecture des journaux.

– Ma petite Tuyêt, dit-elle, ça va vraiment mal.

Guitare, lui, joue au prophète.

– Tous les Américains, clame-t-il, vont bientôt débarquer au Viêt-Nam où ils sont déjà plus de dix mille. En tout cas, clame-t-il avec encore plus de vigueur, leurs « services secrets » (« espions », dans mon vocabulaire) sont déjà en place pour préparer un « coup d'État ».

Aux heures de grande inspiration, le corps tendu, la voix vibrante, la mèche à tout va, il se perd dans des envolées de colère et de chagrin superbes à vous couper le souffle.

– Croyez-moi, les jours de Diêm sont comptés ! Ah, que c'est triste pour cet homme ! Pourquoi ? Je m'en vais vous le dire : parce que ce nationaliste de haut vol – vous avez vu la façon dont il envoie les Américains se promener ? – est aussi un piètre homme d'État incapable de dire non à son entourage, cette bande de parasites ! La conséquence ? Je m'en vais vous la dire aussi : ce qu'il a toujours refusé avec obstination, il va l'avoir : les Américains vont nous dicter leur loi, ça ne fait pas un pli ! Que nous restera-t-il ? La Troisième Force ? Mon œil ! Il faut être le dernier des niais pour ne pas savoir qu'elle est aux ordres de Ho ! Et qu'on ne me parle pas de ce Front national de libération de pacotille : il faut être le dernier des crétins pour ne pas savoir que son commandant en chef est Giap ! Et pourquoi qu'ils nous fichent pas la paix, ces deux-là ? Y en a marre de leur prétention à nous « libérer », à me libérer, non mais ! Qui les a sonnés, d'abord ? Et pourquoi l'aurait-on fait ? Pour entonner *l'Internationale* avec eux ? Pour devenir une nouvelle province chinoise ? Non merci ! Dupes une fois mais pas deux, les « vrais » nationalistes vous le diront, du moins ceux qui ont survécu à leurs purges. Ah ! elle en a raccourci des vies, fauché des esprits, leur faucille. Quel malheur, quel malheur ! Tout ça va mal se terminer, je vous l'dis.

Pendant tout ce temps, sa cigarette fend l'air en d'incandescentes arabesques, et Tante Hinh de prétexter la fumée pour pleurer et renifler tant et plus.

J'apprends que d'autres bonzes se sont immolés.

Les bouddhistes, quand ils sont en colère, ne tuent pas les autres : ils se tuent eux-mêmes, fais-je remarquer à Fleur de Nacre. Elle m'explique qu'il s'agit de la « lutte par la non-violence » – ne pas blesser, ne pas tuer –, que la non-violence est un précepte fondamental dans la morale bouddhiste. « Je ne suis pas d'accord car ils sont quand même violents envers eux-mêmes en mourant comme ça », je rétorque. Et elle me répond : « Ma petite Tuyêt, on est libre de mourir, pas de tuer. »

Fleur de Nacre parle souvent comme le bonze de la pagode de Maman et pourtant elle est catholique. Si ça se trouve, entre adorer Dieu et vénérer

Bouddha, elle n'a rien choisi du tout : elle a dû tout simplement tomber dans le bénitier quand elle était bébé, un peu comme Obélix dans la marmite de potion magique. Quand je serai grande, j'inventerai la marmite d'intelligence pour les enfants qui veulent comprendre.

Quoi qu'il en soit, mon pays s'enferre dans ses tourments.

À l'école, une autre peine m'attend : Julie n'est pas revenue. Les premiers jours, elle me manque à pleurer. Nous nous complétions si bien, elle et sa logique, moi et ma tête perdue dans les nuages. Julie ma douce, ma poupée japonaise, la seule poupée que j'aime, nous reverrons-nous un jour ? Le sort de son grand frère Duc, celui qui souriait près des nénuphars, ne laisse pas non plus de me travailler : est-il sorti de prison ? a-t-il péri de façon « non violente » ?

Fort heureusement, Nicole est là. Jouer au guide me gonfle d'importance et me dispense de penser. J'ai fumé le calumet de la paix avec Pauline : elle ne se défilera plus et j'arrêterai de l'appeler Cèpamôa, j'accepterai ses bonbons et elle écoutera mes histoires.

La peine s'effiloche avec le passage des jours, comme les nuages avec celui du vent. Après un mois, Julie cesse d'apparaître au détour d'un couloir ou de surgir de derrière un arbre. Demeure le souvenir. Se poursuit le présent. Je joue au ballon prisonnier, fais des grimaces, copie des lignes, et je prends mon goûter au pied du calvaire avec Nicole en discutant de mille choses, les mille choses qui font que la vie continue.

Il pleut tous les jours. Des orages sombres et des averses torrentielles qui ne durent jamais longtemps. Après, le ciel redevient bleu comme si de rien n'était et le soleil brille et chauffe, comme à son habitude.

J'avance dans la vie en prenant soin de ne pas trop regarder en arrière.

Ainsi et en dépit de tout ce que m'avait dit David, ai-je décidé d'oublier le journaliste français. Pour de bon, cette fois-ci. Qu'il soit réel ou rêvé, qu'il me garde ou non dans son cœur, le mien se décroche de tristesse quand je pense à lui. Quand je pense à David aussi, d'ailleurs. David et sa peine, David et son secret. Car il en a un, j'en suis sûre, lourd et mélancolique puisque tel est le sort des secrets. Oui, il va me falloir l'oublier, lui aussi. « Étrangers » rencontrés l'espace d'un moment, le temps d'un hasard, l'un et l'autre m'ont apporté trop de bonheur, trop de rêves. Des choses qui font mal quand elles s'arrêtent. Et elles s'arrêtent toujours. Et on a beau se dire que c'est comme ça, que c'est la vie, on a quand même envie de pleurer. Je ne vais quand même pas pleurer jusqu'à mon dernier souffle ! Ils iront dans le Reste. C'est ma bonne résolution pour la rentrée.

Nicole me touche du pied sous le pupitre.

– Claire, c'est toi.

Mes yeux quittent la page que je faisais semblant de lire.

– Quoi, moi ?

Elle fait un signe de tête en direction de l'Autorité. Debout sur l'estrade, la liste des visiteurs du mercredi dans la main, celle-ci s'impatiente.

– C'est qui, le numéro 44 ?

Encore une nouvelle qui ne sait pas que matricule 44 = moi ! Je lève la main.

– Vous feriez mieux d'écouter, Mademoiselle, et dépêchez-vous maintenant, on vous attend au parloir.

Elle ajoute, dans un excès de zèle propre aux novices :

– Et remettez vos cheveux en ordre.

En chemin, je sautille, je chantonne : Fleur de Nacre n'a pas oublié mes gâteaux de la Fête de la mi-automne. Celle-ci bat en effet son plein dans le pays et, partout, les étals des marchés et les devantures des magasins croulent sous des pyramides de friandises spécialement confectionnées pour l'occasion. Habillées de papier cellophane rouge vif pour les ventes à l'unité ou couchées par quatre dans des boîtes jaunes d'or, elles flamboient des deux couleurs nationales et illuminent les yeux des petits et des grands. Il en existe de mille sortes mais ma préférence va aux gâteaux composés uniquement de la pâte de haricots fourrée avec un jaune d'œuf salé, ou encore garnie de graines de lotus. Je défaille d'impatience.

Le contraste est violent entre la luminosité éclatante de l'extérieur et la pénombre qui flotte dans le parloir. En haut de l'escalier, mes yeux clignent, s'adaptent, puis je m'avance, prête à me jeter dans les bras de ma grand-mère. Encore faut-il arriver jusqu'à elle. Je dépasse quelques groupes de parents en conversation avec leurs enfants, contourne d'autres qui attendent. Mon regard scrute, fouille, ne la voit point. Où est-elle ? Des hypothèses s'échafaudent dans mon esprit : l'Autorité, inexpérimentée, a mal lu, s'est trompée, m'a fait une blague. C'est atroce.

Puis je le vois.

Ce n'est qu'une silhouette se découpant dans l'embrasure d'une fenêtre, une silhouette en contre-jour et qui de plus me tourne le dos.

Certes, les mains sont enfoncées dans les poches et la stature n'est pas celle d'un Vietnamien.

Cela suffit-il, cependant ? Les hommes se tiennent souvent ainsi, et des papas français viennent rendre visite à leurs enfants le mercredi. La silhouette pourrait être celle de n'importe lequel d'entre eux. Elle ne l'est pas. C'est la sienne. Je l'ai flairé. Instantanément.

Je me pétrifie sur place. Mon cœur cogne dans ma poitrine. Si fort qu'il a dû l'entendre car il se retourne.

Un frisson court dans mes veines en chantant à tue-tête, des ondes chaudes frémissent sous ma peau et enflamment mes joues.

Qu'importe comment ! pourquoi ! par quel chemin ! par quel hasard !

Il est là.

Je croule sous le bonheur.

C'est comme ça. Je n'y peux rien.

Il s'approche à grands pas, un large sourire aux lèvres :

– Bonjour, Neige. Tu te rappelles de moi ?

Pourquoi me pose-t-il cette question ? Il le voit bien, plantée raide et bouche bée comme je suis, que tel est le cas ! À moins qu'ainsi j'aie l'air d'une idiote se demandant qui est ce monsieur qui lui sourit !

C'est vrai, comment peut-il savoir ? Les lettres non envoyées, les quarante degrés de fièvre, et tout ? Je ne suis qu'une enfant et les enfants, c'est connu, ça joue, ça rit, ça pleure, ça oublie. Petits bobos vite guéris. Petits chagrins vite envolés. Comme s'ils étaient incapables de se souvenir plus de trois jours et d'avoir mal plus de trois nuits. Comme si la tristesse, pas la bruyante, l'autre, la silencieuse, celle qui met des boules dans le ventre, qui perce le cœur de mille trous, qui prive de tout élan, n'était réservée qu'aux grands.

Bah ! N'est pas le Magicien qui veut.

Et puis, il est là ! Et pas dans ma tête. Pas dans mes rêves. Devant mes yeux. En chair et en os. Alors que je n'attendais plus. Alors que je n'espérais plus. Alors que j'étais vaincue.

Je ne réponds pas à sa question. C'est inutile. Par contre, j'en ai une à lui poser :

– Mais comment m'avez-vous retrouvée ?

– Je suis journaliste. L'as-tu déjà oublié ?

Vite, vite, je réfléchis. Le dimanche rouge, près du flamboyant, avant de nous séparer, il avait pris des notes sur son calepin. Ça fait sûrement partie du métier de journaliste.

– Non, pas du tout !

– Ah, quand même ! Eh bien, je suis content de te revoir, Neige. Tu veux bien que je t'appelle Neige ?

– Oui. Et moi aussi, je suis contente de vous revoir.

Il se penche, me chuchote à l'oreille, d'une voix de conspirateur :

– Cela n'a pas été une mince affaire, tu sais. Malgré mes papiers et mes plus beaux sourires, impossible de convaincre ces cerbères de me laisser te voir. Vous n'êtes pas sur la liste des visiteurs autorisés, vous n'êtes pas sur la liste des visiteurs autorisés, qu'elles me répétaient ! Un vrai disque rayé. Quand j'ai dit que c'était de la plus haute importance, elles ont appelé la Mère supérieure à la rescousse ! Béni soit le ciel, c'est une Française. On a papoté ensemble, je lui ai troqué quelques informations contre le privilège de te voir, et voilà ! Cependant, et ne te retourne surtout pas, nous sommes sous étroite surveillance.

Il a l'air tellement facétieux que j'éclate de rire.

Nous nous installons à côté de la fenêtre. Volubile, je lui pose mille questions sur son travail. Il a été très occupé. Il est allé partout où il se passait quelque chose. « C'est important d'être sur place dans ma profession », explique-t-il.

Je me souviens du marché soufflé par l'explosion.

– Il est très dangereux, votre métier. Vous pouvez être blessé, ou encore, vous faire tuer !

– Tu as raison, mais je l'aime.

On peut voir dans son sourire que c'est vrai.

– Tu veux que je t'en parle, un peu ?

On peut voir dans son regard qu'il en a envie. Je hoche la tête.

Il commence par m'expliquer ce qu'est un journaliste. En gros, c'est quelqu'un qui « informe » – ce mot revient très souvent dans sa bouche –, c'est-à-dire qui fait connaître aux gens ce qui se passe autour d'eux, devant leur porte ou à l'autre bout du monde. Ils le font à travers les journaux qu'on lit, la radio qu'on écoute et cette chose qu'on regarde, que je n'ai encore jamais vue et qui s'appelle télévision. Mais comme le monde est non seulement très grand mais aussi très compliqué, beaucoup de choses se passent nuit et jour, et il est impossible à un journaliste d'informer sur tout puisqu'il ne peut pas être au courant de tout : il choisit donc une certaine catégorie d'« événements », celle qui l'intéresse le plus. Ce sera son domaine, ou sa spécialité.

Je l'interromps :

– Et vous, vous avez choisi les choses de la guerre !

– En effet. Mais tous les journalistes de guerre ne vont pas sur place pour récolter l'information. Moi, je le fais. Je suis ce qu'on appelle un reporter de guerre, un journaliste qui accompagne les soldats sur les lieux mêmes des combats. Les reporters de guerre courent certainement des dangers physiques plus grands que les autres – être blessé, se faire tuer, comme tu dis – puisqu'ils sont exposés au feu. Ces dangers sont inévitables. On les appelle les risques du métier.

Il s'arrête, sourit.

– Voilà, j'ai fini. Ça n'a pas été trop barbant ? Mais je peux me racheter, tu sais. Pose-moi des questions et je te répondrai. Mais pas de colles, hein ? Vas-y, je suis prêt.

Ma question l'est aussi. Elle jaillit :

– Vous n'avez pas peur ?

Il rit.

– Bien sûr que si, et parfois très peur même !

– Pourquoi faites-vous « rapporteur de guerre », alors ?

– Parce qu'il faut des gens pour témoigner sur la guerre de l'intérieur, raconter la façon dont elle se fait, dont elle se vit. C'est important.

– N'empêche, je trouve que vous êtes très courageux !

Il secoue doucement la tête.

– Qu'est-ce que cela signifie être courageux, petite Neige ? Ne pas avoir peur ? Mais j'ai peur, je te l'ai dit. Quand les balles sifflent, quand la terre s'ouvre, quand les corps volent et retombent autour de moi, j'ai peur. Mais alors, pourquoi je continue ? Parce que j'ai encore plus peur de ne pas vivre pour ce que je crois, d'être seulement un passant sur cette terre alors que, à tort ou à raison, j'ai l'impression de pouvoir m'arrêter un instant et servir à quelque chose. Alors, suis-je courageux ?

Il s'arrête, s'enquiert d'une voix embarrassée :

– Mais, dis-moi, je t'ennuie avec mes longues phrases ? Tu penses que je parle trop ?

– Je pense que je vous aime beaucoup.

Une infime brise passe dans ses cils. Il se tourne vers la fenêtre et reste immobile le temps de quelques trilles d'oiseau, puis revient, et le regard qu'il pose sur moi est comme un cadeau qu'on dépose sur un cœur car ce que j'y vois dépasse en beauté toutes les splendeurs de la terre.

Je médite un instant puis demande :

– Ça va très mal dans mon pays. Oui ?

– Oui, Neige, ça va mal.

Il n'en dit pas plus. Il n'en a pas besoin.

Je médite encore un peu puis décide de changer de sujet.

– Vous avez beaucoup écrit, alors ?

Il s'ébroue, se tape le front.

– Ah ! Mais j'ai apporté ceci pour toi.

Sa main plonge dans la poche de sa veste et ressort avec un journal. Il l'ouvre et me montre un article qui occupe le haut de la page :

– Tiens, lis le titre.

– « Rencontre avec l'innocence ». C'est vous qui avez écrit tout ça ?

– Eh oui, Mademoiselle, mais je ne l'ai pas fait tout seul, tu m'as beaucoup aidé. Regarde, ici, c'est toi qui parles, et ici aussi, et ici, et ici…

Mes mots du dimanche rouge.

Abasourdie, je lève les yeux vers les siens, redevenus rieurs et bleus comme la peau du ciel, dehors :

– Alors, vous ne m'avez pas oubliée ?

– Tu vois ! Et comme tu m'as beaucoup aidé à raconter cette belle histoire, je te déclare journaliste ! Qu'en penses-tu ?

Mes joues s'enflamment de fierté mais ma tête reste froide.

– Journaliste, d'accord, mais pas « rapporteur de guerre » ! fais-je, péremptoire.

Son rire fuse. Le même. Le parloir sursaute, les visages se retournent, l'Autorité fronce les sourcils et regarde la grande horloge qui fait tic-tac. C'en est trop. Le mien s'échappe, me secoue, me plie en deux, s'enroule autour du sien, l'alimente. Spirale de bonheur. Oh, j'ai tant attendu ce moment !

– Si jamais j'ai une fille, j'aimerai qu'elle te ressemble. Il en a de la chance, ton papa ! fait-il alors que nous nous calmons.

– Je ne sais pas. J'en ai pas, de papa, je réponds.

– Que veux-tu dire ?

– Maman dit qu'il est mort, il y a longtemps, longtemps.

– Tu te souviens encore de lui ?

– Je ne peux pas. Je ne l'ai jamais vu. Maman dit que c'est parce que j'avais seulement quelques mois quand nous avons dû nous séparer, et qu'alors, c'est comme si je ne l'ai jamais vu.

Ses yeux virent au gris. Je me dépêche d'ajouter, en lui touchant la main :

– Mais je sais à quoi il ressemble ! J'ai une photo de lui. Je la connais par cœur.

Il écoute en silence la description de la photo prise à la lisière d'une forêt, quelque part dans le Nord, quelque dix ans auparavant.

– Vous êtes allé à Diên-Biên-Phu ?

Son regard s'étonne.

– Maman dit qu'il a été tué là-bas.

Sa chaise craque, son buste se penche vers le mien, ses bras s'ouvrent comme s'il voulait me prendre contre lui. Sans doute croit-il que j'ai du chagrin, que j'ai besoin d'être consolée. Je le rassure :

– Je ne suis pas triste, vous savez. Je ne l'ai jamais connu, alors, il ne peut pas me manquer. C'est comme ça, c'est la vie.

Et pour qu'il me croie, je ris en lui montrant mes doigts tachés d'encre.

– C'est à cause des lignes.

Il se redresse, laisse retomber les bras, secoue doucement la tête, semble sur le point de dire quelque chose, se ravise.

Ses yeux sont très gris.

L'horloge continue à faire tic-tac.

J'ai peur qu'il s'en aille, le retiens avec des mots.

– Quand je serai grande, j'irai étudier en France, à Paris, parce qu'il y a la Tour Eiffel, la Seine, les deux clochers de Notre-Dame et la neige, en hiver. Sœur Thérèse m'a montré tout ça dans les livres de sa bibliothèque. Il est très beau, votre pays.

– Oui, mais je n'y suis pas souvent, tu sais.

– Il doit vous manquer, alors.

– Non, pas vraiment.

– Vous n'aimez pas votre pays ?

– Je suis un vieux bonhomme, petite Neige, et j'en suis arrivé à aimer les gens plus que les endroits. Quant à mon pays, il est là où je me sens bien, là où j'ai l'impression d'être utile. C'est très important pour moi, me sentir utile, comme tu le sais à présent.

– C'est pour ça que vous êtes journaliste ?

Il sourit :

– Là, tu me poses une colle ! Je n'en sais rien. Choisit-on toujours ?

Avec lui, j'ai l'impression d'être plus grande que mon âge, d'être plus intelligente.

– C'est le destin qui a choisi pour vous !

– Oui, cela doit être ça.

Je tourne sept fois ma langue dans ma bouche avant d'oser la question :

– Je peux vous raconter une histoire ?

– Bien sûr, ma demoiselle.

– Il était une fois deux frères, Duc et Hai...

Je termine en concluant solennellement :

– Et maintenant Duc est bonze et Hai est soldat, et avec tout ce qui se passe, le papa, la maman et Julie, ils ne savent plus où ils en sont.

– Le destin emprunte mille chemins, dit-il après un silence. C'est en tout cas une façon commode de s'expliquer les choses. Qu'est-ce qui fait que je suis là, avec toi, et non pas ailleurs, avec quelqu'un d'autre ?

– Vous regrettez d'être ici, avec moi ?

– Mais non, chère petite Neige, sinon, je ne serais pas venu te voir. Personne ne m'y a obligé, tu sais. Ce que je voulais dire, c'est que la vie est un mystère, et j'ajoute tout de suite que ce n'est pas une trouvaille de ma part : cette réflexion est vieille comme le monde.

Je tourne ma langue quatorze fois dans ma bouche avant de demander :

– C'est un mystère que vous soyez ici ?

– Ici au Viêt-Nam ? En un sens, oui. Rien ne me l'avait laissé présager, en tout cas…

Son histoire est un peu comme celle de Duc.

Après la fac, le métier qu'il pensait faire, des milliers d'autres le faisaient. Il n'avait pas attendu ce moment pour le savoir, bien sûr, mais tout à coup cela lui avait paru insupportable. Il était allé trouver son père pour lui dire que personne n'avait besoin de lui en France et qu'il lui fallait partir se rendre utile ailleurs. À la différence de celui de Duc, son père n'avait ni crié ni tapé du poing sur la table : il l'avait considéré un long moment, avant de lui souhaiter bonne chance. Il était parti en Afrique où la France avait une colonie, le Congo français. Il avait délaissé les grandes villes pour s'enfoncer dans les terres. Passé le premier moment de méfiance, les gens l'avaient laissé aller et venir. Certains lui avaient offert l'hospitalité, d'autres leur amitié, et il y avait toujours quelque chose à faire quelque part. Il participait à la vie. C'était pour lui un sentiment extraordinaire. Il avait pris des photos, noté des impressions. Lorsque la France était tombée à Diên-Biên-Phu, il avait vingt-quatre ans. Il aimait l'endroit où il se trouvait, appréciait les gens qu'il côtoyait. L'Asie, c'était bien loin. Un jour cependant, il s'était retrouvé sans trop savoir comment dans un avion à destination de la France, où il avait revendu ses notes et ses photos dans l'attente d'on ne sait quoi. Et un beau matin, il avait débarqué à Saigon, et c'était là, sur la terre de cette Indochine qui avait été une partie de son pays pendant cent ans et qui venait de la faire tant pleurer, qu'il avait su qu'il allait devenir journaliste.

– Regarder ne me suffisait plus, tu comprends ? Il me fallait aussi informer. Puis l'envie m'est venue d'aller plus loin que les faits, de raconter les hommes. Aussi, lorsque les opérations militaires ont repris, j'ai demandé à accompagner les soldats sur le terrain parce que c'est en approchant leurs dangers et leurs émotions que je peux espérer les raconter le mieux. Voilà comment je suis devenu reporter de guerre.

Il se tait et son regard reste perdu là où il est seul.

Je l'ai écouté comme j'ai écouté Maman ou David. Je ne suis pas sûre de comprendre tout ce qu'ils disent mais cela n'a pas d'importance. Quand les grands parlent de cette façon, ils le font plus pour eux que pour moi. Je ne suis là que par hasard.

Il revient de son voyage à l'envers, me voit et me sourit, de son sourire doux. Le soleil en oblique danse sur ses prunelles et les saupoudre d'or. Sur son visage tanné, de légers sillons dessinent un paysage serein. Il semble heureux, d'un bonheur tranquille. Plus tard, je serai peintre et je dessinerai des portraits comme le sien en ce moment.

Je ne peux pas arrêter le temps. La clochette sonne la fin des visites. Dans un brouhaha, les parents se lèvent, embrassent leurs enfants, gagnent la sortie. À l'autre bout du parloir, l'Autorité a commencé à remettre les chaises en place. Dans une minute, il sera parti.

– Ma petite Neige, on doit se dire au revoir avant que la cerbère me jette à la porte, dit-il.

De nouveau, il me prend le visage entre les mains. De nouveau, je le regarde de toutes mes forces mais, contrairement à l'autre fois, aucune boule ne vient alourdir mon cœur. Je sais, maintenant, que David a raison. Que les moments de bonheur qui nous sont donnés nous appartiennent pour toujours.

– Tout à l'heure, vous avez dit que je suis journaliste, comme vous. C'est toujours vrai ?

– Bien sûr que c'est toujours vrai.

– Alors, je vous retrouverai aussi, plus tard.

Le soleil se lève, se couche.

La lune croît, décroît.

Le flamboyant s'enflamme, s'éteint.

Cycle éternel des jours, des saisons, des années.

Je quittai le monde de l'enfance à l'automne 1965, peu après mon entrée en sixième.

Le premier pas eut lieu par un jour ordinaire.

Je jouais au ballon prisonnier.

La partie était endiablée. La fin approchait. Un public surchauffé entourait le préau pour assister au triomphe ou à la déconfiture de la Sauterelle. La Sauterelle, c'était moi. Autant dire qu'il y allait de ma réputation, de mon honneur, de ma gloire. Fouettée par les « Hou ! Hou ! », portée par les « Vas-y, vas-y, Claire ! », j'étais une flèche qui s'élançait vers le ciel pour attraper le ballon, le relancer et éliminer la dernière joueuse du camp adverse – du coin de l'œil, j'avais déjà anticipé le côté où elle allait se porter. Mon envol n'eut pas le temps d'atteindre son apogée. Un coup de sifflet retentit et le coupa net. L'ai-je déjà dit : ils retentissaient toujours quand je m'amusais. « La Mère supérieure vous convoque », m'annonça la trouble-fête, l'air faussement contrit. Elle m'escorta au long d'un chemin que je connaissais par cœur.

Assise derrière son bureau, le dos calé contre le dossier, les mains croisées sur le ventre, le regard neutre, la Grande Autorité témoignait d'un air aussi impassible qu'un Bouddha à l'heure du jugement dernier.

– Alors, Mademoiselle Claire, il paraît que vous faites la guérilla aux Sœurs, maintenant ? fit-elle d'une voix égale à peine eus-je fini ma révérence.

Fidèle à mon habitude dans ce genre de situation, je contemplai mes chaussures. Le mot « guérilla » me chatouilla cependant l'esprit : jamais encore, depuis le temps que nous nous fréquentions, n'y avait-elle recouru. Aurait-elle eu vent de mes antécédents de maquisarde ? Mais quelle importance, tout compte fait. Tenons-nous coite. Deux ou trois minutes de sermon à subir et je retrouverais ma partie. Il fallait juste attendre.

Les secondes s'égrenèrent. Rien. Silence total. Cette nouvelle tactique m'étonna, me désarçonna. Je finis par couler un regard par dessous mes cils vers sa chaise, des fois qu'elle n'y serait plus.

– Levez la tête et regardez-moi, Claire.

La chose était rare et n'annonçait rien qui vaille : elle avait omis le « Mademoiselle » ! J'obtempérai, de plus en plus intriguée.

– Une chance que toutes mes pensionnaires ne soient pas comme vous : il faudrait doubler les effectifs des personnes qui veillent à la bonne marche de cet établissement.

Et mes premiers prix de catéchisme alors ? Qu'on les attribuât à la plus méritante chez les élèves catholiques et qu'on me refilât le prix d'honneur à la place n'enlevait rien à mon mérite. Il faut dire que, piquée au vif, la païenne que j'étais s'acharnait chaque année à remporter un titre même dépourvu de ses lauriers.

Lut-elle dans mes pensées ? Elle laissa tomber cette chose étonnante :

– Vous n'avez plus besoin de défier pour vous affirmer.

J'avais douze ans. Sa phrase-charabia me plongea dans une profonde perplexité. Elle reprit, toujours impénétrable :

– Vous êtes assez intelligente pour comprendre. Je vous fais confiance.

Moi, je voulais bien lui donner raison, mais comprendre quoi ? Elle me surestimait, c'était clair comme l'eau de roche, ou alors elle faisait erreur sur ma personne, sur mon âge. Allez savoir ! Nos regards se fixèrent l'un l'autre. Un sourire ambigu vint flotter sur ses lèvres puis elle me congédia, sans autre forme de procès :

– Allez retrouver vos camarades, maintenant.

Ite missa est.

Avec tout ça, je n'avais pas dû prononcer un mot ni m'engager dans une promesse. Tant mieux, après tout. Je la saluai et sortis, soulagée de m'en être tirée à si bon compte et décidée à remiser illico l'incident dans le bric-à-brac des caprices et fantaisies des grandes personnes.

Tout de même, j'aimais bien la Grande Autorité, parée à mes yeux d'une vertu suprême : elle se refusait à prendre systématiquement le parti de mes détractrices, les sœurs rapporteuses. Juste retour des choses, ses paroles séjournaient dans ma tête bien plus longtemps que les verbiages moralisateurs des autres réunies. Sa phrase-charabia ne faillit pas à la règle et m'envoya méditer au pied du calvaire, comme le Boddhitsava au pied de son arbre.

Je savais, en arrivant à Truong Bà Trang, que la première chose à entreprendre quand on débarque dans un endroit inconnu est d'y faire son trou. Je savais aussi, malgré mon très jeune âge et sans qu'elle n'y ait jamais fait allusion, qu'il existait chez ma mère la volonté de me procurer cette chose qu'elle se sentait incapable de m'offrir directement et qui lui semblait fondamentale pour la réussite de mes études et, dès lors, pour mon accession à la « liberté » : la stabilité. Et quoi de plus stable qu'un internat ? Il devenait alors évident, dans ma tête de huit ans, que Truong Bà Trang était appelé à devenir mon univers pendant de longues années. Alors, mon trou, j'avais dû le creuser avec beaucoup d'énergie, voire avec panache.

C'était sans doute ce qu'il fallait comprendre par le « défier pour s'affirmer » de la Grande Autorité et, à l'entendre, je pouvais me laisser aller au repos. Ma place au soleil serait-elle assurée, à tout le moins dans l'univers du pensionnat ? Je cogitai, ruminai, décidai de répondre par oui et qu'il était donc temps d'enterrer la hache de guerre avec l'Autorité.

À pas réfléchis, je quittai l'enfance ; à pas incertains, j'entrai dans l'adolescence.

J'empochai mon certificat à la fin de la cinquième, mon brevet à la fin de la troisième. En terminale, mes goûts me conduisirent tout naturellement en section philo. Je ne copiais plus de lignes depuis des lustres et les boulettes de papier n'étaient plus qu'un souvenir heureux d'un temps révolu. Les fous rires, par contre, ne m'avaient pas quittée et m'offraient toujours ces fulgurances de bonheur à l'état pur dont ils représentaient le mystère et détenaient le secret. Les rubans au bout de mes nattes avaient été remplacés par des barrettes qui retenaient mes longs cheveux dénoués. Ils coulaient en flots sur mon dos jusqu'à la taille et me conféraient l'allure d'une vraie jeune fille, bien différente du garçon manqué de mes années tendres.

Et ma mère continuait à faire des apparitions. J'y répondis à ma façon. Alors qu'à partir de la seconde, les pensionnaires pouvaient bénéficier, avec l'accord des parents, du régime dit de « sortie libre » (personne ne devait venir nous chercher ni nous raccompagner), je n'en profitai pas pleinement : quelques heures avec ma mère quand elle n'était pas trop prise, l'un ou l'autre après-midi auprès de Fleur de Nacre et, la dernière année, un déjeuner par-ci, un dîner par-là chez l'un ou l'autre de mes oncles et tantes. Certaines vacances, quand ma mère n'était pas à Saigon, j'obtins de la Grande Autorité la permission de ne pas sortir, préférant rester à lire et noircir les pages de mon journal à l'intérieur des murs du pensionnat plutôt que de me trimballer d'un parent à l'autre. Par la force des choses, l'établissement était devenu ma maison et sa population ma famille.

L'existence m'aurait paru bien terne sans cet amour pour la lecture demeuré intact, rayon de lumière en contrepoint des jours de grisaille. Sa bibliothèque avait beau s'enrichir régulièrement grâce aux dons ou aux nouvelles acquisitions, l'enchantement premier de Sœur Thérèse se mua peu à peu en affolement et vira au désespoir. Elle jetait les bras en l'air et les yeux au ciel : « Mais Claire, comment veux-tu que je te suive ? », « Mais

Claire, à l'allure où tu vas, je n'aurai bientôt plus de livres pour toi ! ». Elle ne croyait pas si bien dire. Quand ce moment arriva, le salut nous vint des auteurs qui, à partir de la seconde, apparurent dans mon programme scolaire. Là, je ne dévorai plus. Il faut du temps pour savourer un chant, une virgule, trois points de suspension. Pour se promener autour d'une pensée, s'en approcher, la palper, la faire sienne ou non.

Des dimanches rouges, il y en eut, encore et encore. Les murs hauts de l'école remplirent parfaitement leur fonction : de cet horizon qui flambait, aucune étincelle ne nous parvint ; de cette terre qui se déchirait, aucun mot ne fut dit. Le professeur d'histoire, un Français, nous conta la Révolution de 1789 ; celui de philosophie, un Français également, nous entretint du Siècle des Lumières. On ne leur en demandait pas plus. Quant aux enseignants vietnamiens, les heures de cours qui leur étaient allouées – elles étaient imposées par le ministère de l'Éducation nationale afin que nous ne soyons pas complètement ignares au sujet de notre pays – leur permirent tout juste, et encore, de parcourir au pas de charge les quatre mille ans de notre civilisation. Fort heureusement, rien de très compliqué dans tout cela : depuis l'origine des temps, nous luttions pour notre indépendance. Tous nos héros étaient des guerriers et tous nos guerriers combattaient, avec des fortunes diverses mais une ardeur sans faille, un seul et même ennemi : la Chine. Et si la France pouvait tirer orgueil de sa Jeanne d'Arc, nous nous honorions de nos deux Sœurs Trung qui, à dos d'éléphant et à la tête d'une armée de misère, mirent en déroute les soldats de l'Empire du Milieu. Leur victoire fut de brève durée, hélas ! mais d'autres se levèrent, encore et encore, et nous y serions toujours sans le holà mis par les Occidentaux dans la foulée de leur marche conquérante sur l'Asie, ses espaces et ses richesses. Mais là s'arrêtait le programme : c'était une autre histoire. Une nouvelle page de l'Histoire.

Des dimanches rouges au dimanche bleu, il n'y avait qu'un pas, et du dimanche bleu à la danse sur la plage, un autre. Je les franchissais régulièrement au début, ensuite de moins en moins et finalement, plus du tout. Mais je n'ai pas oublié. Comment l'aurais-je pu ?

En effet et alors que tout me séparait d'eux – la couleur de la peau, les années, la vie –, ces deux hommes avaient su m'écouter et me parler mieux que mes proches, peu enclins aux démonstrations des sentiments en raison de l'éducation qu'ils avaient reçue.

Depuis mon plus jeune âge, j'ai entendu parler de quelqu'un qui s'appelait Duc Không-Tu (en réalité, son nom est Không-Tu mais on le fait toujours précéder du titre « Duc », Vénérable, Seigneur). On l'évoquait avec beaucoup de respect et on le citait en référence pour les actes de la vie quotidienne : Duc Không-Tu a dit ceci, Duc Không-Tu a dit cela. Je croyais que c'était un Vietnamien. Je me trompais : il s'agissait d'un Chinois – connu en Occident sous le nom de Confucius – dont les préceptes moraux régissent, je l'ai dit, le comportement de tous les Vietnamiens sans exception, même à leur insu. C'est dire à quel point, conséquence de mille ans d'occupation – ou de domination –, la culture chinoise a imprégné l'âme du Viêt-Nam.

Et que dit Duc Không-Tu ?

Ma scolarité française ne m'avait pas appris grand-chose sur lui. Il est généralement admis que sa morale est basée principalement sur un système de hiérarchie sociale (souverain/sujet, homme/femme, collectivité/individu) dans lequel chacun doit obéissance à son supérieur immédiat, celui du souverain étant le Ciel, son père, qui lui a confié un mandat – le « Mandat du Ciel » – dont le non-respect autorise ses sujets, voire les oblige, à intervenir et, si nécessaire, à le déposer. L'étanchéité entre les barrières sociales est cependant adoucie par la reconnaissance du savoir et la récompense du mérite : se distinguer par le premier et faire preuve du second permettent de prétendre aux hautes charges et, dès lors, de sortir de la condition assignée par la naissance.

On comprend aisément que, dans une telle société, les enfants soient aimés mais rarement entendus, leurs souhaits devant s'effacer devant ceux des aînés, au nom du respect de la hiérarchie. Cette règle fondamentale agit comme un frein à la spontanéité des émotions : on devient « impassible », ou on se cache derrière un sourire impénétrable. Entre autres conséquences, on aime mais on ne le montre pas.

Alors, non, je n'avais pas oublié. J'ai arrêté d'y penser, tout simplement. Contradiction dans le propos ? Pour certains esprits, peut-être, pas pour le mien, incurablement allergique à l'inéluctabilité de 1 + 1 = 2.

Il s'agissait d'une question de fatalité ou, plutôt, de confiance dans la fatalité. Le sentiment que le destin s'accomplira et que tout ce que nous devons faire, c'est de l'aider à s'accomplir. Julie aurait froncé le nez, bien entendu. Elle m'aurait considérée de son air sérieux avant de pointer la faille du doigt : « Claire, ce n'est pas logique ce que tu dis : on n'aide pas le destin ! Il est l'inéluctable, par définition, et tout ce que tu peux faire, c'est d'y croire ou non. » Mais Julie n'était plus là. Et quand bien même, à quelle logique se référer dans un monde qui tournait à l'envers ? Où parfois vivre relevait de l'épreuve et mourir, de la délivrance ? Quelle logique invoquer dès lors que, ébloui par des desseins grandioses, tourmenté par le désir d'immortalité, on a égaré la plus noble, celle du cœur ?

Épargnés par notre Histoire et ses tourments, ils la possédaient encore, ces deux hommes-là, et exempts des inhibitions de notre culture, ils n'avaient pas de peine pour la manifester. Leur tendresse était aussi belle que naturelle, comme la lumière qu'aucun écran ne voile. Je m'y étais réchauffée, m'y réchauffais encore et, qui sait, m'y réchaufferais de nouveau un jour. Car le destin n'est aveugle que si on lui bande les yeux, n'est sourd que si on ne lui parle pas.

C'était ce que je me disais.

Soufflait le vent. Un pied précédant l'autre, j'avançais vers ce qui m'attendait.

Au lendemain de mon bac, le vent souffla fort.

Nantie de mes dix-huit ans tout neufs, je me rendis à la mairie pour les besoins de ma carte d'identité.

Je me mis sous la toise.

– Quoi ? s'écria le fonctionnaire, un homme petit et malingre, en se frottant les yeux. Un mètre soixante-six et demi ? C'est trop grand pour une femme ! Je vous mets un mètre soixante-cinq !

Il les faisait à peine.

Je grimpai sur la balance.

– Hein ? sursauta-t-il. Cinquante kilos ? Mais c'est *nua ta*, un demi-quintal ! Allez, je vais être gentil : on descend à quarante-neuf.

Son poids probablement.

Le fou rire qui, malgré tous mes efforts, m'échappa, fut tonitruant. L'attestation remise par Chétif en main, je sortis en courant de son bureau, à demi étranglée et poursuivie par son regard digne et réprobateur. De retour à la maison, je rapportai l'anecdote à ma mère. Je voulais l'amuser, rire avec elle. Elle me contempla de la tête aux pieds et dit :

– Tu tiens de ton père, il était grand et mince.

Déjà mort ou encore vivant, « il » avait toujours été absent de nos conversations, de nos projets, de notre vie. Je m'en accommodais fort bien. Et voilà que, sans crier gare, celui dont on ne parlait pas surgit devant mes yeux, emplit toute la pièce ; par la vertu de quelques mots, un homme qui n'avait jamais été pour moi qu'un sourire sur une photo prit une apparence et une silhouette. Les miennes. Se matérialisa là, en moi. Pour la première fois de mon existence, je me sentis la fille d'un père. C'était une sensation douce et amère. Étrange.

Quelques jours plus tard, j'accompagnai ma mère chez son tailleur. Elle s'était mise en tête de me faire confectionner un *ao dai*, le premier de ma vie.

L'acte revêtait à ses yeux une importance particulière. Elle y voyait un rite initiatique, l'accession de sa fille à la maturité. Je riais sous cape : un morceau de soie pouvait-il transformer une chrysalide en papillon ? À l'essayage, ma bouche s'arrondit devant la glace : le cou délicatement mis en valeur par le col montant, le buste bien pris dans un corsage aux manches longues et fendu à partir de la taille en deux pans aériens qui descendaient jusqu'à mi-mollets, les jambes habillées d'un pantalon légèrement évasé vers le bas, les cheveux telle une rivière jusqu'aux reins, le tout ondulant doucement sous le ventilateur, celle qui me contemplait présentait l'une de ces silhouettes gracieuses et mille fois admirées dans la rue. De sentir la douceur de la soie sur ma peau, de voir l'éclat admiratif dans le regard de l'homme, de prendre plaisir à l'un et à l'autre, je sus que mon adolescence s'éloignait. L'ombre de Truong Bà Trang apparut et s'interposa entre les deux jeunes filles de chaque côté du miroir : revêtue de la tenue traditionnelle des femmes de mon pays, j'eus la sensation que, à peine sortie de cet endroit qui m'avait hébergée pendant dix longues années et dont je ne franchirais probablement plus la grille, j'avais laissé derrière ses murs hauts et si bien protégés l'autre moitié de moi. Claire. Et ses robes blanches du dimanche.

Il me semblait l'entendre : « C'est comme ça, Tuyêt, c'est la vie. » Il me semblait la voir mordiller les rubans de ses cheveux, comme elle le faisait à chaque fois qu'elle méditait sur un monde qu'elle ne comprenait pas.

Le lendemain, ma mère m'invita à prendre le thé.

Il y a deux raisons de boire le thé : désaltérer le corps, offrir du temps à l'esprit. Dans ce dernier cas, l'acte s'inscrit dans un rituel lent, long, calme. Une cérémonie méditative, avec ou sans pensées.

Ce fut à une telle cérémonie que ma mère me convia. Je le sus dès que je la rejoignis : sur la table basse était posé un magnifique plateau laqué noir, et sur ce magnifique plateau laqué noir était disposé le service, celui avec lequel elle passait de longues heures avec interdiction de la déranger.

Ma mère l'avait ramené du Japon. D'une ligne épurée, d'une teinte gris pâle glissant vers l'émeraude, dépouillé de tout motif sauf çà et là la courbe gracieuse d'une feuille de bambou finement esquissée, il était d'un raffinement extrême par la seule vertu de sa sobriété. Et comme un service aussi noble ne peut tolérer un thé ordinaire, celui-là provenait d'une boîte marquée « Thé aux fleurs de lotus de première qualité », un thé en provenance des hauts plateaux et obtenu à partir des feuilles à peine écloses et mises à sécher avec des fleurs de lotus. Il en résulte un breuvage précieux, propice à la contemplation par sa fragrance délicate.

J'attendais ce moment : mes études secondaires venaient d'être bouclées et il convenait de savoir ce que j'allais faire. Autrement dit, l'invitation pour le thé était une invitation pour discuter de mon avenir.

Cette certitude s'accompagnait d'une autre : ma mère exclurait dudit avenir, totalement et sans pitié, toute idée de mariage. Le contraire était proprement impensable car elle n'avait pas passé toutes ces années à me parler du Reste et de la Liberté pour me voir, à peine sortie de l'école, me précipiter dans le piège des sentiments ordinaires ! M'enfermer et m'étioler dans une existence terne et sans horizon ! Oh, non ! Et voir sa fille mariée à dix-huit ans serait pour elle un échec personnel terrible.

Quoique plus indulgente à l'égard des sentiments amoureux, je partageais entièrement son avis : le mariage était absolument absent de mes projets immédiats. Ni sacrifice ni déchirement n'étaient à déplorer : aucun garçon ne faisait battre mon cœur. Comme toutes les filles de mon âge, certes, j'étais passée par un premier amour, éblouissement et conviction d'éternité à la clé comme il se devait et que la vie s'était vite chargée d'effacer, comme il se devait aussi. En l'occurrence, il s'agissait d'un amour *ipso facto* interdit – pensez donc, l'élu était coupable d'être non seulement un cousin mais aussi mon aîné de sept ans, et ne parlons même pas du Reste. J'avais couché la douloureuse histoire dans mon journal, avec tout le romanesque et toute l'exaltation nécessaires pour chanter les amours contrariées avant même que les mains n'aient pu se frôler et les lèvres, s'effleurer. Il faut dire que j'avais seize ans et demi quand ce premier émoi m'avait touchée et quelques saisons de plus quand tout s'était terminé. Une fois les larmes taries au-dessus des pétales de rose mis à sécher entre les pages du journal, je m'en fus courir après mon bac. À présent, j'avais d'autres rêves à caresser que celui de porter le nom d'un autre. Sur cette question-là, donc, aucune discorde ne risquait de surgir autour du plateau de thé.

Aucune non plus sur le reste, d'ailleurs, j'en étais convaincue : je savais ce que je voulais faire et, telle que je la connaissais, ma mère ne devrait pas s'y opposer, sauf à y être contrainte par une raison supérieure à sa volonté.

Il ne m'appartenait cependant pas de prendre la parole la première. Je m'assis donc, avec quelque impatience de voir mes prévisions se vérifier, déjà certaine du cours des choses, déjà sûre de leur issue.

Ma mère commença par me féliciter pour ma réussite au bac qu'attestait un diplôme aux couleurs de la République française qu'elle tenait dans la main, me dit la fierté qu'elle en retirait auprès de la famille. Ses paroles me firent plaisir même si je ne m'accordais pas beaucoup de mérite dans l'obtention de ce bout de papier que, dans beaucoup de familles, on encadrait et accrochait bien en évidence, sur un mur du salon. Je n'avais fait là que mon devoir. Je la remerciai néanmoins pour ses louanges puis attendis tranquillement qu'elle en vînt au véritable objet de notre réunion parfumée au lotus – mon avenir, donc – et, surtout, à la proposition qu'elle ne manquerait pas de formuler à ce sujet.

Elle déposa le diplôme sur la table basse, sortit la théière de son écrin rembourré, vérifia le degré d'infusion, nous servit, but une gorgée, considéra un instant la tasse dans sa main, la reposa. Jusque-là, tout se déroulait normalement. Chaque chose en son temps. J'attendis.

Elle allait parler. Elle commencerait par me dire que je devrais continuer mes études – je répondrais oui avec ferveur –, enchaînerait sur la proposition – que j'accepterais avec enthousiasme – et nous mettrions au point les détails en buvant le thé – je le ferais de façon élégante. Dans une demi-heure tout au plus, tout serait envisagé et dit, dans le plus parfait respect de l'ordre des choses.

Forte de cette conviction, j'étais la sérénité personnifiée. Rien ne me permettait de penser que, dans les minutes qui allaient suivre, celle-ci volerait en un milliard d'éclats dont je recevrais les griffures en pleine peau, en plein cœur.

Tout commença par ces mots :

– Je sais que cela n'a pas toujours été facile pour toi de grandir sans père. Je sais que je ne t'ai pas donné toute l'attention et la tendresse qu'un enfant est en droit d'attendre de sa mère.

Elle marqua une pause, sans doute pour laisser au léger tremblement de ses lèvres le temps de se calmer.

La fumée s'élevait des tasses.

L'air s'embaumait.

De quoi parlait-elle ? Que venait-elle de dire ? Cela ne lui ressemblait pas ! Complètement prise au dépourvu par cette entorse brutale à un scénario bâti selon une logique à toute épreuve, je me penchai et saisis précipitamment ma tasse, me brûlai les doigts sur la porcelaine fine, réprimai un cri de douleur, soufflai sur le liquide – ce qui était l'exact contraire de l'art de boire le thé –, moins pour le refroidir que pour me donner une contenance.

Pendant ce temps, ma mère avait poursuivi. Elle évoquait à présent ses parents. Sa mère qui était partie : quel âge avait-elle encore ? Son père qui l'avait élevée comme un fils, comme un homme. Qui lui avait transmis le sens de l'honneur, du devoir, principes moraux fondamentaux en temps normal et sacralisés quand l'heure est au chaos et à la confusion. Sacralisés jusqu'au sacrifice. Il était mort comme il avait vécu, dans la dignité.

Nouveau silence. Nouveau tremblement des lèvres auquel s'ajouta une légère crispation de la main.

J'avais reposé ma tasse, depuis longtemps : ma mère était en train d'ouvrir sa valise, de m'expliquer l'héritage du père, d'exposer les raisons pour lesquelles elle passait pour une femme « orgueilleuse » aux yeux des autres.

Lorsqu'elle reprit, ce fut pour dire que, oui, elle avait voulu fuir son destin mais la mort de son fils l'y avait ramenée ; que j'aurais pu avoir un père mais le Ciel en avait disposé autrement, par deux fois. Elle n'allait pas jusqu'à avouer explicitement ses blessures de femme, ses chagrins de mère. Entre ombres et lumières, elle les effleurait. Pour les rendre encore plus présentes, plus déchirantes à entendre. Le savait-elle ?

Avait-elle prévu de se dévoiler ainsi ? S'agissait-il d'un mouvement irrépressible ? Mes dix-huit ans lui rappelaient-ils les siens, cet âge doré où tout est intact et rien n'est impossible ?

Elle délaissa vite cet instant d'abandon. Son ton changea au fur et à mesure qu'elle continuait à parler. L'émotion première s'atténua au fil des mots, puis mourut, et ce fut le dos droit et la voix ferme qu'elle arriva à aujourd'hui, pour dire que nous vivions des temps difficiles et qu'elle avait fait tout ce qu'elle pouvait pour me donner la meilleure éducation, la meilleure instruction possibles. Pour me préparer à la vie. Comme un père l'aurait fait. Le reste, tout le reste, était secondaire, un luxe hors de notre portée.

Pour bien me le faire comprendre, elle martela ces derniers mots encore plus que d'habitude, avec une vigueur proche de la violence. Malgré moi, j'avalai une bonne goulée d'air : là, j'étais en terrain connu.

Je n'eus pas le loisir d'y rester longtemps. Elle s'arrêta encore, reprit une gorgée, ferma les yeux. Quand elle les rouvrit, son regard quêta le mien :

– Tu me comprends, Tuyêt ?

Soudaine, douloureuse, la cassure était revenue. Elle altérait sa voix, ses traits, le contour de son visage, la finesse de son cou, la courbe de ses épaules. Tout ! Et cette main qui se crispait de nouveau, qui allait chercher l'autre, qui la serrait. Et cette poitrine qui se soulevait, longuement, avant de s'abaisser, doucement. Enfin, cette bouche qui se remettait à trembler.

– *Tuyêt, con co hiêu Me không?* Tuyêt, est-ce que tu me comprends, ma chérie ?

Jusqu'alors, je n'avais jamais entendu ma mère implorer.

C'était intolérable.

De la rue nous parvenait la voix d'un marchand ambulant vantant à tue-tête la saveur de son *pho*. De la cuisine nous arrivait le bruit de Chi Hai s'acharnant sur son billot de bois à découper quelque viande pour le repas du soir. Le thé se refroidissait dans les tasses et le délicat parfum de lotus se noyait sans recours dans celui, plus sucré et plus lourd, des fleurs de jasmin que laissait pénétrer la fenêtre ouverte. L'après-midi touchait à sa fin, l'obscurité s'installait et, dans cette semi-pénombre, je regardai Kiêu, la fée de mon enfance, la mère de mon adolescence et, pour un instant fugace, la Maman de Cap-Saint-Jacques. Elle était belle, de cette beauté que le temps, loin d'outrager, accentue en lui conférant noblesse et profondeur. La guerre, par contre, avait intensifié sa solitude. Combien d'hommes avait-elle découragés, combien d'amours avait-elle écartées, au nom du Reste ? Le choix était cruel. Ployait-elle sous le poids ? Doutait-elle ?

Elle ne m'avait jamais adressé la parole de la sorte, laissé entrevoir le côté d'ombre, et vraisemblablement douloureux, de son existence. Les dernières années l'avaient vue tout aussi secrète sur ce pan de sa vie que les précédentes. Petite, je n'avais aucun moyen de percer la barrière, et puis les années avaient passé, et je m'en étais accommodée. C'était dans l'ordre des choses qu'elle se taise et que je ne questionne pas, cet ordre qu'elle avait instauré elle-même, à coups de maximes telles celle-ci, sa préférée : « *Giac den nhà dàn bà phai danh* », « Quand l'ennemi est aux portes, il est du devoir des femmes de prendre les armes. » Mais jusqu'à quand ? Mais jusqu'à quel point ? Se posait-elle ce genre de questions ? Aujourd'hui, elle rompait la règle non écrite. Pourquoi ? Pensait-elle vraiment que sa fille, fraîche « bachelière section philo », ignorait tout de ses plaintes trop silencieuses, de ses rêves trop fous, de ses joies trop brèves ?

Non, je ne l'ignorais pas.

Comment l'aurais-je pu, à moins d'être sourde et aveugle à ce qui se passait autour de moi ? Mais c'était tout comme puisque je n'en parlais pas, puisque s'était installé entre nous un rituel du silence, lequel m'avait somme toute arrangée. Nous étions ensemble, comme le sont deux rails d'une même voie : parallèles mais séparées.

Que faire ? Quoi dire ? Mes études m'avaient donné un diplôme. La belle affaire ! On me félicitait. Mais pour quelles raisons ? Face à cette femme qui se confiait, qui essayait de le faire dans la « dignité », pire, qui m'implorait de la comprendre alors qu'elle avait toujours ignoré l'incompréhension des autres, mille fois plus avertis que moi des choses de la vie, face à cette femme donc, aucun des mots appris, aucune des maximes emmagasinées, aucune des pensées lues et relues jusqu'à la trame ne me furent d'un quelconque secours. J'étais totalement démunie devant sa détresse, la détresse de ma mère. Totalement démunie et totalement perdue de l'être.

Alors je me tins immobile, dans l'espoir d'une suite, dans l'attente d'autres mots.

Rien ne vint, et pour cause : n'avait-elle pas assez fait ? assez dit ? Assez, en tout cas, pour une première fois ? Mais de cela, je ne m'en suis rendu compte que plus tard. Là, je continuais à me figer, à jouer à la statue antique, au Seigneur des vagues déserté par sa raison. À attendre. Un autre pas.

Était-ce si difficile pour moi d'en faire un, à mon tour ? de dire quelque chose ? que je l'aimais, par exemple. Ou encore simplement de prendre sa main et la caresser ? N'était-ce pas cela qu'elle attendait de moi afin de pouvoir s'ouvrir davantage ? Mais ne l'espérais-je pas aussi d'elle pour entamer ce qui, en vérité, n'aurait été qu'un premier pas ? Finalement, il ne nous fallait pas grand-chose : l'ombre d'une ombre, le murmure d'un murmure. Presque rien.

Certains « presque » sont redoutables. Ils sont dédaigneux, nous font la moue : c'est presque bien, c'est presque beau, c'est presque bon, ce qui signifie : pas encore, à recommencer, peut mieux faire. Ils nous renvoient à notre insuffisance, si légère soit-elle. Ils nous rappellent notre imperfection, si humaine puisse-t-elle être. Et ce qui devrait aller de soi entre une mère et sa fille, entre Kiêu et moi, se révéla impossible. Car comment dire les mots qu'on n'a pas entendus, faire les gestes qu'on n'a pas reçus ? La guerre nous avait volé les uns, rendu difficiles les autres. Nous avions fait notre devoir, chacune de notre côté. Cela ne devait-il pas être assez, pour l'époque tourmentée où nous vivions ?

Nous étions au bord des mots, à la frontière du geste.

Nous touchions à l'amour, à la grâce. Presque.

Alors, je dis, doucement :

– Oui Maman, je te comprends.

Me crut-elle ou non, son léger soupir ne le disait pas.

Elle se laissa aller contre le dossier du canapé, ferma les yeux, inspira profondément à plusieurs reprises, me regarda et me sourit.

– C'est bien, ma fille. Que veux-tu faire, à présent ? Veux-tu continuer à étudier ?

Je la contemplai, éberluée : il n'y avait plus aucune trace du moment que nous venions de vivre dans sa voix, ni dans son expression, ni nulle part ailleurs. Une telle métamorphose confinait à la prestidigitation. Avais-je rêvé ? Mon doigt encore endolori m'interdisait cette hypothèse.

Ainsi revint-elle à l'ordre du jour tel que je l'avais imaginé. Mais par quel détour, ô Ciel !

Bouleversée, je tardai à répondre. Elle prit mon silence pour un acquiescement.

– Dans ce cas, il faudra que tu partes à l'étranger. On ne peut pas étudier dans un pays frappé en permanence par le couvre-feu et la censure. Tu es bien d'accord ?

La parenthèse était fermée. La *terra incognita* s'éloignait. Le sable mouvant des sentiments avait cédé la place à un sol redevenu ferme sous nos pieds : nous retournions aux faits. Nos projets. Mon avenir. Quoi déjà ? Ah oui, poursuivre mes études. Et pour cela, partir.

C'était la proposition que j'attendais, en prenant place à ses côtés pour prendre le thé.

Ah, aller à la rencontre de l'inconnu ! Découvrir le monde autrement qu'à travers les livres ! À commencer par ce pays que je connaissais tant pour l'avoir étudié sous toutes les coutures dans les manuels de classe, dont je rêvais de fouler la terre et toucher les pierres, où m'attendait Paris, Ville Lumière et Ville des Lumières : la France ! La France qui se trouvait aussi être le pays d'un homme que je n'avais pas oublié.

Ma soif d'envol était grande, comme si je voulais prendre ma revanche sur toutes ces années passées entre les quatre murs d'un pensionnat, avec mon imagination pour seul moyen d'évasion.

Elle était grande, en dépit des soubresauts qui secouaient mon pays.

Quatre mois après le martyre du 11 juin 1963, Ngô Dinh Diêm avait choisi son destin : renié par ses généraux et désavoué par les États-Unis, il avait écarté de la main le sauf-conduit établi par ces derniers à la veille du putsch militaire pour lui permettre de quitter le pays et avait été assassiné, entraînant son frère Nhu dans cette sortie à son image. Une valse de gouvernements lui avait succédé, civils et militaires. Le Viêt-Nam, inondé par les *boys* d'un côté et par les kalachnikovs de l'autre, déchiré de toutes parts, incapable de distinguer lequel, parmi ses enfants, était l'ami ou l'ennemi, incendié par ses guerriers et pleuré par ses poètes, se consumait de chagrin. Bref, tout allait dans le sens prédit par un homme à la mèche furieuse et à la cigarette rougeoyante et qui, refusant obstinément de se faire « libérer », avait fini par abandonner sa guitare pour un fusil, cependant qu'une femme à la voix sublime avait délaissé les chansons d'amour pour des chants de bataille.

Elle était grande, malgré le fait que, dans ce vacarme assourdissant, ma mère y allait toujours de sa plume et que partir, c'était la laisser derrière, dans un combat que son franc-parler rendait de plus en plus dangereux.

Une telle réalité ne m'avait pas échappé, bien entendu, mais j'avais fini par l'accepter. J'aurais sans doute eu plus de scrupules si, par sa façon de penser et de vivre ce qu'elle pensait, ma mère ne m'était pas apparue comme une femme non seulement douée d'une vision mais également dotée de la trempe nécessaire pour la servir ; si, impressionnée par son orgueil qui la poussait à se relever chaque fois que le destin l'avait jetée à terre, je n'avais pas fini par lui attribuer force et invincibilité. Non, rien ne pouvait l'atteindre. Oui, elle était au-dessus des sentiments « ordinaires ». Par conséquent, je pouvais m'envoler sans crainte. C'était dans l'ordre des choses. Le sien. Pour preuve, la proposition qu'elle venait de me faire.

Mais voilà qu'un masque était tombé, autour d'une tasse de thé.

Certes, il avait été raccroché à la seconde et m'offrait à présent un visage lisse de toute émotion. Mais c'était trop tard : j'avais vu. J'avais vu qu'il existait, qu'il servait d'écran à l'autre visage, le caché : celui de la fragilité, cette fragilité que nous portons tous en nous, à des degrés divers. J'avais vu et compris que ma mère ne faisait pas exception.

Elle n'était pas aussi forte que je le croyais.

L'ordre des choses était rompu.

Pouvais-je encore partir ?

Que ferait la « Française » pétrie de culture occidentale par ses lectures et les ouvrages étudiés sur les bancs de la classe de philo ? La Vietnamienne sentit se réveiller et circuler dans ses veines sa culture de terre et de sang.

Dès sa naissance, l'enfant contracte à l'égard de ses parents une dette si immense que, quoi qu'il fera pour ceux-ci plus tard – les couvrir de richesses, les honorer, les aimer –, jamais il ne s'en acquittera complètement. Et il se frappera la poitrine au jour de leur mort et il se lamentera : « Tu es parti trop tôt, tu ne m'as pas laissé le temps de te prouver ma gratitude, d'accomplir tout mon devoir envers toi... » Par le seul fait de sa venue au monde, l'enfant est redevable vis-à-vis de ses parents d'une dette éternelle. En aucun cas il ne pourra les laisser seuls, sans appui, sans soins. Ainsi parla encore Duc Không Tu.

Ma mère n'avait que moi. De gré ou de force, nous avions vécu à distance l'une de l'autre pendant toutes ces années. Nous fallait-il encore prolonger cette distance ? la consolider ? Nous fallait-il courir le risque qu'elle devînt – alors que rien ne nous y obligeait ! –, sans retour, définitive ? Aurais-je alors assez de mes deux mains pour me frapper la poitrine ?

Le regard limpide, Kiêu attendait ma réponse – mon consentement formel, devrais-je dire – à sa proposition.

Que faire ?

Je pouvais renoncer à tenir ma promesse d'autrefois : tant d'années avaient passé, cet homme se souvenait-il toujours de Neige, la petite fille du flamboyant ? Vivait-il seulement encore ?

Je pouvais renoncer à explorer le monde : pourquoi aller si loin alors que mon propre pays m'attendait, dont j'avais encore à parcourir les montagnes si hautes, les rivières si fraîches, les forêts si profondes ?

Je pouvais même renoncer à plaire à ma mère et lui imposer ce que je croyais être juste, c'est-à-dire ne pas la quitter, ne pas la laisser dans sa solitude, dans sa nuit : la confucéenne en elle ne pourrait pas me désavouer.

Mais pouvais-je renoncer à comprendre ?

Car partir, c'était me donner une chance de trouver les réponses à mes interrogations. Ce qui se passait exactement dans mon pays, personne ne m'en avait encore jamais vraiment parlé. J'avais grandi dans une bulle qui me protégeait de sa réalité, celle où on pleurait à torrents et enterrait à tour de bras, sans plus se poser de questions. La guerre, à force d'être présente, avait fini par devenir absente.

Je restai silencieuse, déchirée entre le devoir filial qui me commandait de rester et prendre soin de celle dont la cuirasse un instant fendillée avait laissé apparaître une vulnérabilité insoupçonnée, et l'appel impétueux du large. Entre « payer ma dette » envers celle à qui je devais tout, et assouvir mon besoin de comprendre.

Prise au piège d'un choix impossible, j'en voulais à Kiêu. Que n'avait-elle pas continué à être comme avant ? Où était passée la femme forte et orgueilleuse que j'avais toujours connue ? Pourquoi m'avoir montré son autre visage ? Qu'attendait-elle de moi ?

« Tu me comprends, ma chérie ? »

Mais qu'est-ce que je devrais comprendre, Maman ? Que, finalement, le Reste n'est pas un luxe ? Que dans la vie, il n'y a pas que le devoir ? Que la liberté, c'est aussi le droit de refuser que l'Histoire écrase de son grand « H » prétentieux le petit « h » de nos humbles histoires ? Et quand tu as martelé ces mots, tout à l'heure, martelé comme tu ne l'avais jamais fait auparavant, n'était-ce pas toi que tu voulais convaincre ? Devrais-je comprendre que tu doutes ? Que tu es malheureuse ? Alors, comment veux-tu que je parte ? que je te laisse derrière, dans ce pays qui n'en finit pas de brûler, de crier, d'enterrer ses enfants ? Tu me pousses d'une main et tu me retiens de l'autre ! Mets-toi à ma place !

Mon ressentiment était-il si bruyant ? Ma mère se leva et se dirigea vers la fenêtre.

Dehors la journée se mourait, veillée par un ciel aux couleurs tourmentées. Le flamboyant était toujours là, dont les fleurs avaient été emportées par les pluies des moussons. Arbre sans couronne tendant ses bras décharnés vers le ciel, quelle prière murmurait-il ? Kiêu s'intercala entre lui et moi et j'aurais juré qu'elle le contemplait. Comme l'avait fait la petite fille qui, huit ans auparavant, se postait devant la même fenêtre et guettait, dans la même immobilité, l'homme au sourire doux qui, pensait-elle, allait réapparaître à l'ombre des branches en fleurs. Il était journaliste et français. Elle irait en France et apprendrait à devenir journaliste. La vie était simple, alors.

Je te regarde (j'ai l'art de te regarder sans que tu t'en aperçoives, une pratique acquise depuis l'enfance). Cette silhouette, cette posture, ce port de tête. Et je vois. Que rien n'a changé en toi. Que, simplement, autre chose est venu s'y ajouter. Ou qu'il avait toujours été là mais indétectable aux yeux des autres, à mes yeux. Que veux-tu, tu as toujours été une femme secrète ! Mais aujourd'hui, devant moi, tu te découvres, tu dévoiles ton autre toi-même, car si l'opinion des autres t'indiffère, celle de ta fille t'importe. Elle a dix-huit ans à présent, tu lui as donné ce que tu appelais la « meilleure instruction et la meilleure éducation possibles », tu lui as offert son premier *ao dai.* Tu vas l'envoyer au loin pour lui donner la chance de comprendre en toute liberté, mais, avant cela, tu veux qu'elle sache qui tu es. Alors, je te regarde. Et je te vois moins parfaite, moins lointaine. Plus vulnérable, plus accessible. Une personne en même temps qu'une divinité. Parce que l'idéal, n'est-ce pas d'être à la fois l'une et l'autre ? Est-ce cela que tu voulais que je comprenne, Maman ?

Mais toi, me comprends-tu ?

Le silence s'installait, feutré comme une trêve entre deux âmes qui se cherchent. Sur le magnifique plateau laqué noir, le service à thé s'abîmait dans sa noble méditation. L'obscurité cessa de flâner de nuage en nuage et força son allure, comme si elle se souvenait brusquement qu'on était sous les tropiques. La nuit était presque bleue lorsque j'entendis ma mère s'éclaircir doucement la gorge, puis elle se retourna et alluma.

– Tu dois partir, Tuyêt, et tu reviendras, dit-elle.

Ses réflexions avaient-elles suivi le même cheminement que les miennes ? La fermeté de sa voix n'empêcha pas la douceur de son expression que venait encore réchauffer la lumière dorée de la lampe. À la fois père et mère, elle avait choisi d'être le père. Celui qui, dans les contes de mon enfance, envoyait son fils gravir la montagne de la Sagesse. Dans ces histoires mythiques, la quête s'auréole immanquablement de succès. L'adolescent parvient au sommet, y cueille les Vertus dont il a planté les graines par sa longue et ardue ascension et, enfin homme devenu, redescend.

Toujours tiraillée, j'éludai ma réponse.

– C'est loin, Maman.

Ses sourcils s'arquèrent :

– As-tu peur, Tuyêt ?

– Oui, Maman, j'ai peur. Mais pas pour moi, pour toi. Mon absence durera des années, quatre, au bas mot.

– Et alors ? continua-t-elle sur le même ton de provocation.

– Notre pays est en pleine guerre, tu le sais mieux que moi. Les gens meurent, disparaissent. Tu n'as pas que des amis. S'il t'arrivait quelque chose, je serais trop loin… Qui prendrait soin de toi ?

– Oublie tout ça ! s'énerva-t-elle. Je n'ai pas besoin que tu restes ici par devoir, ni par amour. Ton devoir est d'abord vis-à-vis de toi-même, et ton amour doit être plus vaste et ne pas s'arrêter à une seule personne, serait-elle ta mère !

Elle s'arrêta, reprit son souffle, puis se détourna de la lumière de la lampe. Les traits ainsi masqués par l'obscurité, elle dit, d'une voix à nouveau douce :

– Ma chérie, je ne te force pas à partir mais si tu restes, ce ne sera pas pour moi mais pour toi. C'est ainsi que je le comprendrai.

Rejetée dans mon dilemme, je recourus au dernier argument qui me restait. Je ne doutais nullement de son peu de valeur aux yeux de ma mère, et si je l'avançais, c'était moins pour la faire changer d'avis que pour lui renvoyer la balle et l'obliger à la relancer, c'est-à-dire à faire ce dont je me sentais incapable : décider à ma place.

– Et l'argent, Maman, tu y as pensé ? Tu sais comme moi combien ces études coûtent cher, là-bas en Europe, sans compter le loyer, la nourriture… Et ce ne sera pas avec les piastres que tu vas pouvoir les payer, mais avec les devises étrangères que tu devras acheter. Et cela durera quatre ans, Maman, quatre ans !

À mesure que je parlais, mes propres mots me convainquaient du caractère démesuré du sacrifice. Jamais, avant ce soir, ne l'avais-je autant réalisé. Mon cœur s'en serrait : avais-je le droit d'accepter cela, de laisser ma mère non seulement derrière mais, en plus, écrasée sous une charge financière aussi lourde ? Je me surpris à espérer qu'elle ait perdu la question de vue ; que, rappelée à la réalité par mes mots, elle allait en mesurer l'importance et renoncer à me demander de partir. J'espérais, et en même temps, je redoutais que mon espoir se concrétisât.

J'avais tout dit, fait tout ce qu'il m'était possible de faire pour couper les ailes de mes rêves et me conformer à une tradition plusieurs fois millénaire. La suite lui appartenait, et j'accepterais son choix.

Il se manifesta sans tarder : Kiêu leva la main et balaya l'air comme pour chasser une mouche exaspérante.

– Ce n'est pas ton problème ! Si tu veux partir, continuer tes études à l'étranger, je trouverai le moyen de te les payer.

Un pays. Une ville. Un halo de lumière. Un arôme de thé au lotus. Une senteur de fleur de jasmin. Un chuchotis de feuilles. Une légère brise du soir. Une mère et sa fille. Et le destin.

– Dans ce cas, Maman, je partirai.

Le lendemain, nous nous rendîmes chez mon ex-beau-père pour lui demander conseil.

Cela faisait très longtemps que je n'avais plus vu l'ancien ministre, l'ex-ambassadeur, connu pour être le bras droit de Bao-Dai, le dernier empereur du Viêt-Nam. L'homme flamboyant qu'il avait été, qui m'emmenait parfois au palais où j'avais joué avec des petits enfants qu'on avait affublés, pensais-je, de surnoms tels que « prince » et « princesse », le personnage influent, charmant et charmeur, qui m'avait tant intimidée, petite fille, était à présent voûté, diminué, grignoté par le cancer. Mais il n'avait rien perdu de son attitude altière et le regard derrière les lunettes demeurait toujours aussi perçant. Il me fit asseoir près de lui, posa la main sur ma tête :

– Tu es une bonne fille et tu as des capacités. Maintenant, il faudrait savoir ce que tu as envie d'étudier.

Je lui fis part de mon ignorance sur l'autre cancer, celui qui rongeait notre pays.

– Alors, dirige-toi vers les études politiques, fit l'ancien diplomate. Cela t'aidera à comprendre et peut-être, plus tard, à faire quelque chose pour lui.

Lui. Ce bout de terre long et squelettique avec son flanc ouest baignant dans la majesté des montagnes et son flanc est s'ouvrant sur l'immensité de la mer. Dragon adossé aux monts Truong-Son et contemplant la mer de Chine, dont Son-Tinh et Thuy-Tinh continuaient d'arracher les écailles et de fendre les entrailles en un duel féroce, pour les beaux yeux d'une princesse.

Qui était-elle ? De quels attraits disposait-elle ?

Peut-il en exister à ce point nobles et sublimes, à ce point sacrées, pour justifier qu'on dépose à leurs pieds tant de vies, tant de destruction, tant de larmes d'enfants ? Existe-t-il une beauté qui puisse légitimer pareille offrande ?

Il n'y avait qu'une chance de le savoir, à tout le moins d'en savoir plus.

Alors, dans ce salon au mobilier chargé de souvenirs, à l'atmosphère lourde de passé, assise à côté de cet homme qui en avait tellement vécu et vu qu'on se demandait si la sérénité qu'il dégageait était le fruit de la sagesse ou de la résignation, avec dans ma poche un bac fraîchement obtenu, je ne pus que dire oui, encore une fois. Et comme je prononçais ce mot, les hauts murs de Truong Ba Trang firent place à tout un océan. Entre ma mère et moi, entre mon pays et moi.

Je passe les doigts sur mes paupières, résiste au chagrin qui m'envahit, me répète qu'hier ne doit pas être un frein à demain. Sur mes genoux repose un livre aux pages jaunies par le temps. Je me redresse dans mon siège et le prends. À peine l'ai-je entre les mains qu'il s'ouvre tout seul et l'histoire se présente à mes yeux. J'éteins le plafonnier. Comme Cyrano lisant son poème à Roxane dans le noir, je lis le conte dans ma mémoire.

« Il était une fois un village. Dans ce village, une masure. Dans cette masure, une mère et son petit garçon. Depuis longtemps, le père était parti.

Ce matin-là, escorté de sa suite, dans un nuage de poussière et le claquement des drapeaux et bannières portant haut les couleurs impériales, un cavalier était arrivé, avait rassemblé tous les habitants autour du *dinh*, avait déplié un rouleau de papier muni du sceau de la cour et donné lecture de son contenu. Le lendemain, il était reparti, entraînant dans son sillage tous les hommes valides du village.

Sur la place du *dinh* se trouvait une école, simple local jouxtant la pagode où un lettré se tenait, tous les après-midi, à la disposition de ceux qui voulaient bien recevoir ce qu'il avait à offrir : le chemin vers la lecture et l'écriture. Il répondait aussi aux questions, quand il le pouvait.

Le petit garçon n'avait pas dix ans quand il alla trouver pour la première fois l'homme qui répondait aux questions. La sienne fut courte et directe : « Où est mon père ? » L'homme l'observa un instant puis trempa son pinceau dans l'encrier et entreprit de terminer la calligraphie commencée. Quand il eut fini, il leva la tête vers l'enfant, toujours planté devant lui :

– Tu vois ces livres, là-bas ? Ils contiennent peut-être la réponse à ta question.

– C'est quoi, les livres ?

– Ce sont des personnes qui te parlent.

– Je n'entends rien, dit l'enfant en tendant l'oreille.

– Je peux t'apprendre à les entendre.

– Et ils me diront où est mon père ?

– Je ne sais pas. Cela dépend de la façon dont tu les écouteras.

L'homme prit une autre feuille, rafraîchit son pinceau et recommença à dessiner, comme si le petit garçon et son problème avaient cessé de l'intéresser.

L'enfant se dandina sur ses jambes, considéra avec scepticisme et méfiance les livres entassés sur les rayons. Finalement, son désir de savoir où se trouvait son père fut le plus fort. Il fit un pas en avant :

– Je veux apprendre à entendre les livres.

– Bien. Je suis ici tous les après-midi.

Tous les après-midi virent le petit garçon s'accroupir sur la natte à côté du maître, ânonner après lui, glisser sa main dans la sienne pour apprendre à manier le pinceau.

Les saisons passèrent. L'enfant frêle de jadis était devenu un vigoureux adolescent. Cet après-midi, le voici devant son maître :

– Maître, j'ai une question à vous poser.

– …

– Grâce à vous, j'ai appris à « entendre » les livres. Mais quelque chose m'inquiète : chaque réponse trouvée s'ouvre sur une nouvelle question… C'est sans fin.

Le maître posa sa plume, alla sur le seuil de la porte, appela son élève près de lui :

– Tu vois cette forêt, là-bas ? Oui ? Tu vois les premiers arbres ? Bon. Sais-tu combien se cachent derrière ?

Le jeune homme fit un bond et s'écria :

– Oh, non ! Il y en a trop !

– C'est ainsi avec les questions et les réponses.

– ...

– Imagine que ce que tu cherches à comprendre soit cette forêt et que les questions que tu te poses soient ses arbres. Tu vois, maintenant ?

– Chaque réponse trouvée serait un arbre qu'on a dépassé. La dernière réponse serait le dernier arbre.

– Exactement.

Le jeune homme se tassa.

– Y parviendrai-je jamais ?

– Écoute-moi, le jour où tu as accepté d'apprendre à lire, ce jour-là tu as commencé un voyage. La durée de ce voyage dépend uniquement de celui qui l'entreprend, du but qu'il s'est fixé. Disons, pour en revenir à notre exemple, qu'il est un marcheur dans la forêt : il n'est pas obligé de la couvrir complètement, il peut s'arrêter quand il veut. Certains s'arrêtent assez vite, d'autres continuent plus loin, d'autres encore plus loin.

L'homme laissa errer ses yeux sur la masse sombre devant lui.

– Il n'y a pas de dernière réponse, mon enfant, car la connaissance est une immense forêt et notre séjour sur cette terre, si éphémère. Cependant, ne t'effraie pas, ne t'impatiente pas. Ne pense pas que le bonheur que tu cherches est au bout de ton chemin : il est ton chemin.

Le disciple se prit la tête entre les mains :

– En tout cas, j'ai l'impression d'avoir commencé quelque chose que je ne pourrai jamais terminer, que le temps passe, passe, et que je n'avance pas.

– Écoute-moi encore : ce n'est pas le temps qui passe mais nous qui passons. Le temps est immobile car il n'a ni commencement ni fin. Contrairement à nous, il ne naît ni ne meurt. Il existe. Nous, nous ne faisons que vivre. Rentre chez toi maintenant, n'encombre pas ton esprit avec trop de questions : il a besoin de place pour accueillir les réponses.

Quelque temps plus tard, le disciple retourna voir son maître.

– Il y a deux nuits, lui raconte-t-il, j'ai fait un rêve dans lequel un vieillard avec une barbe longue et blanche m'est apparu et m'a dit : « Celui que tu cherches porte des sandales à l'envers. »

L'homme savait que ce moment viendrait. Il avait offert à son élève le meilleur de son enseignement, le meilleur de lui-même. Sa tâche était achevée. D'autres prendraient la relève. Et bien que son cœur se serrât à la perspective de ne plus revoir son disciple avant longtemps – et peut-être jamais –, il répondit :

– Alors, va mon enfant, va.

Le jeune homme se plaça devant son maître, joignit les mains à hauteur de son front et inclina la tête trois fois, sans un mot. Il rentra ensuite chez lui et, après avoir raconté son rêve à sa mère, lui rapporta l'entretien sur la place du *dinh*. « Alors, va mon enfant, va », lui dit-elle. Il entreprit de remplir au maximum la maison de provisions et de bois pour l'hiver. Quand ce fut fait, il jeta un sac sur son épaule, se munit d'un bâton, serra sa mère dans ses bras et prit la route.

Vaste était le monde, vraiment, et étranges ses habitants, parfois. Cela ne l'effrayait cependant point. Il parlait avec quantité de gens, lisait quantité de livres. Il se sentait bien. Il aurait même été heureux, n'était l'idée obsédante d'une paire de sandales mises à l'envers ! Saison après saison, sous le soleil ou la pluie, dans les monastères les plus reculés comme sur les places publiques, tous les pieds qu'il vit étaient soit nus soit correctement chaussés. Maintes fois il se disait : « Demain, peut-être », mais maintes fois demain vint et repartit, sans que la Rencontre ait eu lieu.

Beaucoup d'années passèrent.

Un matin, il s'assit au pied d'un grand banian et prit sa tête entre ses mains. « Vaine est ta quête, ingrate est ta personne, s'admonesta-t-il tout haut, ta mère est en train de vieillir, tout comme ton maître, et que fais-tu, à part courir par monts et par vaux ? » Il médita encore un long moment puis décida de rentrer s'occuper de l'une et prendre la relève de l'autre. D'un bond, il se remit sur ses pieds, s'empara de son bâton, fidèle compagnon usé, cassé, cent fois rafistolé, et s'élança sur le chemin du retour.

La nuit était déjà fort avancée quand il frappa à la porte de sa maison. « Qui est là ? » Son cœur se serra au son de cette voix, lourde d'années et d'attente.

– C'est moi, Mère, c'est ton fils !

– Oh ! C'est toi ? C'est toi ? Attends, j'arrive !

Il l'entendit s'affairer derrière la porte puis celle-ci s'ouvrit. À la lueur de la lampe qu'elle élevait bien haut pour pouvoir l'examiner, il vit combien sa mère avait vieilli et s'était voûtée. Il se jeta à ses pieds pour implorer son pardon. Dans sa hâte, il trébucha, perdit ses sandales. À quatre pattes, il les récupéra, les remit précipitamment puis se releva. Sa mère, qui avait entre-temps abaissé la lampe pour lui venir en aide, s'exclama dans un grand rire : « Mon fils, vois comment tu es chaussé ! ». Il sursauta, vérifia en tremblant du regard et se pétrifia car voilà sous ses yeux, à ses pieds, dans un halo de lumière, ce qu'il cherchait depuis si longtemps : la paire de sandales mises à l'envers ! »

Je referme le livre.

Par le hublot, entre ciel et terre, mes yeux s'accrochent, s'accrochent aux rives en forme de S qui s'éloignent, s'éloignent.

Épilogue

« Ma petite Neige,

J'ai encore voulu te rendre visite à ton pensionnat, mais me suis heurté à un refus irrévocable. J'ai cru comprendre que, mise au courant de ma première visite, ta maman avait donné pour consigne de ne plus me laisser te voir. Elle veut te protéger et je peux la comprendre.

Un jour, tu m'as demandé si ton pays allait mal. Je t'ai répondu oui. Si tu devais me reposer la même question aujourd'hui, je ne saurais quoi te répondre. Je suis à Saigon où le président Diêm et son frère Nhu viennent d'être assassinés. Les militaires sont au pouvoir. Comment la situation va-t-elle évoluer ? Je ne connais pas la couleur de l'avenir.

Ce mot, je vais le glisser dans la boîte aux lettres de ta maison. Je reconnaîtrai celle-ci grâce au flamboyant : c'est le quatrième à partir du début de ta rue, en venant du marché. Vieille ficelle de journaliste, tu vois !

Je t'écris sans savoir si tu pourras me lire. Au cas où tu me liras, sache que j'ai été très heureux de te connaître, que tes rires et les questions que tu me posais les sourcils froncés m'accompagneront pendant longtemps.

J'espère que la vie me permettra encore de te rencontrer. J'espère, surtout, que tu garderas toujours la fraîcheur que je te connais et qui mettait des bulles dans ton regard parfois si sérieux, un dimanche d'avril 1963.

Je t'embrasse,

E. L. »

Je repose la lettre sur le bureau, courbe la tête un long moment, puis la reprends, la relis. Une fois, deux fois, et encore une fois, puis une autre, jusqu'à ce qu'elle s'imprime en moi, dans ses moindres mots, dans ses moindres virgules.

Je suis seule, dans ma chambre d'étudiante. Non, pas seule. Avec lui. Et un doux rayon de soleil qui pénètre par la fenêtre et me caresse l'épaule.

C'est l'été, à Bruxelles. Suivront l'automne et sa somptuosité, l'hiver et la nature qui se repose, le printemps et la sève qui remonte. Reviendra l'été et ses feux. Quatre saisons bien distinctes, chacune avec sa propre respiration et son propre enchantement.

Il n'y en a que deux, dans mon pays, et…

Mon pays ? Mais de quoi je parle ? Il n'existe plus, mon pays ! Pfûûût ! Disparu ! Envolé ! Volatilisé ! Et le quatrième flamboyant est mort. Mort.

Le sait-il ?

La nuit tombe.

Je me sens seule.

Il faut que je lui écrive, que je lui parle. Que je lui dise comment l'Histoire a tué le quatrième flamboyant. J'ai encore si mal.

Je saisis mon stylo à bille. Non, je préfère mon porte-plume. Il court sur le papier, le griffe, le caresse. Il est en colère. Il est en détresse. Il est dans l'espoir. C'est la fonction des mots d'exprimer nos émotions.

J'écris surtout pour moi.

« Monsieur le Journaliste,

Je ne sais pas si vous vous rappelez encore de moi.

À Saigon, un dimanche matin, une grenade a explosé dans un marché. Un homme a pris une petite fille dans ses bras et a couru. Quelques mois plus tard, il lui a rendu visite dans son pensionnat. Depuis, ils ne se sont plus revus.

Cet homme, c'était vous, et la petite fille, c'était moi.

Vous vous souvenez, maintenant ?

Je n'ai jamais connu votre nom. Vous m'appeliez Neige.

J'avais dix ans. Aujourd'hui, j'en ai vingt-deux.

Douze ans ont donc passé. Je ne sais pas si vous vivez encore. Si oui, vous devez savoir. Sinon et où que vous soyez, je vous l'apprends : Saigon n'est plus. Les tanks sont entrés dans la ville. C'était le 30 avril 1975.

Il est des dates qui sonnent le glas. Pour moi, celle-ci fut celui de millions d'hommes, de millions d'espoirs. De millions de rêves, aussi.

Saigon a été matée. *Manu militari.* Dépossédée de son nom puisqu'elle s'appelle désormais Ho Chi Minh Ville, dans le sillon des Stalingrad et des Leningrad. Ainsi en a décidé Hanoi, au lendemain d'une victoire remportée à l'issue d'une guerre qui aura duré plus de vingt ans. Hanoi qui entend par là discipliner sa jumelle vaincue, la mettre au pas, la briser. Mais est-il possible d'empêcher les nuages de voyager ? le vent de souffler ? les cœurs d'espérer ? Est-il possible de tuer l'âme d'une cité ?

Il y eut des batailles terribles. Vous le reporter de guerre, les avez-vous vues « de l'intérieur » ?

Khe-Sanh et la colline 881, Dak-To et la colline 871. Le spectre de Diên-Biên-Phu plana sur la même nature luxuriante. Le général Giap rêva d'y renouveler l'exploit de 1954. Les deux batailles furent un carnage et s'achevèrent au corps à corps. Les deux collines entrèrent dans la légende. On dit qu'y vrombissent encore les B52, qu'y crachent toujours les canons *Made in China*, qu'y errent jour et nuit les âmes des milliers d'hommes tombés pour une cause épousée de gré ou de force, fussent-ils de ce côté-ci ou de ce côté-là d'une ligne d'autant plus meurtrière qu'invisible.

Étiez-vous à Hué lorsque le Nord lança l'offensive générale du Têt 1968 ? À l'aube du premier jour de l'an lunaire de cette année-là, la population fut réveillée par un bruit de crépitement. Les pétards ! se réjouit-elle aussitôt : ils éloignent les mauvais esprits, saluent l'arrivée du printemps et annoncent la visite des ancêtres. Ils célèbrent le Têt, la fête la plus sacrée du pays car elle marque une pause dans les esprits, une trêve dans les cœurs, aussi. Fatale méprise : le crépitement provenait des armes à feu. Le Nord venait de lancer son offensive sur tout le territoire du Sud, violant ainsi, pour la première fois, un cessez-le-feu observé depuis toujours par les frères ennemis. Le Pays des Empereurs et des Bonzes fut la victime la plus meurtrie de la terrible ruse. Les combats y durèrent un mois et se terminèrent à l'arme blanche. Dix mille personnes périrent. La rivière des Parfums s'empourpra. De la cité historique, il ne resta que des décombres fumants.

Ni Khê-Sanh ni Dak-Tô ni Hué ne tombèrent, mais à quel prix ! Avez-vous pu en être le témoin et raconter ? Avez-vous pu comprendre ? Avez-vous… soupiré ?

Étiez-vous à Saigon lorsqu'elle mourut ? C'était l'apocalypse.

Au-dessus du toit de l'ambassade des États-Unis devenue forteresse, ballet hallucinant des Skyhawks dans leurs aller-retour pour évacuer les ultimes passagers vers les bâtiments qui croisaient au large. Devant la grille, une foule énorme. Campée là depuis des jours et des jours et autant de nuits et de nuits, perchée sur des arbres ou accrochée aux lampadaires, elle ne cessait de s'enfler, criant et hurlant, brandissant qui un passeport, qui un laissez-passer, qui un n'importe quoi susceptible de prouver un lien quelconque avec ceux qui s'apprêtaient à les abandonner, dans l'espoir de faire partie du voyage. De l'autre côté de la grille, les GI's, émotion et désarroi à l'abri de leurs casques et gilets pare-balles, refoulèrent les candidats à l'exode avec la crosse de leurs mitraillettes, tirèrent des coups de semonce en l'air, pointèrent leurs armes dans le tas. Rien n'y fit. On s'accrocha. On pleura. On tendit son enfant par-dessus les barreaux : « *Take him, please, take him !* » Insensés, que faites-vous ? Pourquoi vous séparez-vous de votre propre chair ? Quel sort cruel voulez-vous lui épargner ? Désespérés devenus enragés, on tira sur les hélicoptères dont les pales s'affolèrent, dont le flanc blessé s'inclina et rejeta quelques infortunés dans le vide. On applaudit. Quand le dernier appareil s'envola, emportant l'ambassadeur, la bannière étoilée serrée sur sa poitrine telle une relique de cette terre maudite, et les derniers membres de son équipe, il emporta aussi avec lui les espoirs, les rêves et les illusions de ceux qui avaient cru en la République du Viêt-Nam.

Les vaincus choisirent leur sort. Certains se rendirent, d'autres moururent à la façon des samouraïs. Devant l'Assemblée nationale, un lieutenant-colonel se tira une balle dans la poitrine, un commandant se fit exploser la tête avec son arme ; à quelques pas de là, les membres d'un régiment de parachutistes se déchiquetèrent ensemble sous les éclats d'une grenade qu'ils venaient de dégoupiller et qu'ils n'avaient lancée nulle part ; des officiers ordonnèrent à leurs soldats de se rendre, avant de se donner la mort. Dans une maison, une famille mélangea du poison dans le riz de ce qui allait être son dernier repas. Quelques jours plus tard, cinq généraux se suicidèrent avec leur arme...

Ainsi, vous disais-je, les tanks entrèrent dans la ville.

Les *bô-dôi*, juchés sur les tourelles ou trottinant à côté, hurlèrent dans des haut-parleurs ou dans leurs mains réunies en porte-voix des paroles rassurantes de réconciliation, de paix, de concorde, de clémence. Peu importait, la ville avait peur et entreprit, si ce n'était déjà fait, d'effacer de ses murs toute trace de la République moribonde. On alluma un brasier. On y jeta pêle-mêle les drapeaux, les médailles, les insignes et, tant qu'à faire, ajoutons-y les lettres du fiancé envoyées du mauvais front, les photos du père, du mari, du fils morts dans le mauvais uniforme, tombés pour la mauvaise patrie. Autodafé pour la survie de ceux qui restent. Ils comprendront. Les blindés investirent le palais de l'Indépendance. La voix des vaincus s'éleva par la bouche de Big Minh, général de son état, Duong Van Minh de son vrai nom et devant son surnom à sa corpulence : « Pour éviter un bain de sang inutile, mon gouvernement vous présente sa reddition totale et sans condition. » Les clés de la cité furent remises à ses nouveaux maîtres. L'Étoile jaune se hissa et flotta dans le vent, sur une peau de ciel imperturbablement bleue. Le Dix-septième parallèle rejoignit l'Histoire. La République socialiste du Viêt-Nam était née.

Je vous parle de la fin de Saigon comme si j'étais là. Ce n'est pas le cas. Quatre ans auparavant, un avion m'avait emportée vers le fameux Plus Tard, le pays où l'on comprend. Mais il me suffisait de pousser sur un bouton et un écran me jetait à la figure, en vrac et en boucle, tout ce que je viens de décrire et plus encore. Les images, par exemple, de ces frêles esquifs prenant la mer, surchargés de maudits et d'espoirs.

Quelle mouche les a piqués, ces gens-là ? Pourquoi s'enfuyaient-ils de leur pays alors que, Alléluia ! la guerre était finie ? la paix était revenue ? la Patrie était enfin réunifiée ? Jeunes et vieux, riches et pauvres, lettrés et analphabètes, déments ou sains d'esprit, où courez-vous ? vers quelle Terre promise ? La vôtre ne vous promet-elle plus rien ?

Déchiquetés par les requins ou victimes des barbares qui sévissent sur la mer de Chine (je récuse l'appellation d'humain à de tels individus), beaucoup ont péri et beaucoup périront encore, avec la mer pour unique linceul. Sage, elle ne s'étonne pas, ne se pose pas de question sur cette apparente folie. Elle se contente de refermer ses bras glacés autour de leurs corps, dans un dernier bercement, en une ultime caresse. Mais elle sait, cette Dame, elle sait que pour beaucoup d'hommes et de femmes, le chemin de la « libre disposition de soi », de « l'autodétermination » et de tout ce savant bazar, emprunte souvent sa route. Que dans l'Histoire et devant l'Éternel, sa réputation de Passeuse de liberté – ne lui demandons pas laquelle, elle nous dira qu'il n'y en a qu'une, celle que l'on ressent comme telle – n'est plus à faire même si, parfois, elle ne peut offrir que l'espoir.

Le monde inventa une expression pour la circonstance : *boat people*.

L'un d'eux vient de me faire parvenir un message de ma mère.

Du pays lointain, elle m'écrit : « Ne reviens pas ! Ne reviens pas ! » De cet horizon où les flammes se sont éteintes mais où les braises couvent toujours, elle me rend ce qui m'appartient : dans l'enveloppe meurtrie par son odyssée, à côté des mots tracés à la hâte, elle a joint une photo, celle de mon père (je me rappelle vous en avoir parlé dans le parloir du pensionnat), et une lettre, la vôtre, celle que vous m'avez adressée il y a douze ans. J'ignorais son existence. Ma mère ne me l'avait jamais donnée, ne m'en avait jamais parlé. Je viens donc de la lire, pour la première fois.

Comment vous dire ?

La recevoir après tant d'années et dans de telles circonstances est un bonheur et une douleur. Je l'ai lue en la tenant loin de mes yeux, afin de ne pas abîmer par le sel du chagrin ce que le sel de la mer a épargné, afin de ne pas effacer ce que, contre vents et marrées, le temps vient de me restituer : ces mots que vous avez tracés d'une écriture légèrement penchée, que j'imagine ballottés par les vagues, brûlés par le soleil, mordus par le froid, la rage au cœur et la peur au ventre, aux aguets de chaque péril, à l'affût du moindre espoir, et enfin, un matin ou un soir, tressautant d'une folle joie contre la poitrine de l'homme qui n'avait pas cessé d'épier la mer et qui, éberlué, venait de voir apparaître là-bas, très loin encore, une masse sombre : la fin de l'attente ! la délivrance ! le salut ! Qui se mettait à danser et à hurler : « *Tàu, bà con oi, ! Tàu bà con oi !* Bateau à l'horizon, mes amis ! Bateau à l'horizon ! », avant de tomber à genoux, les bras en croix, les yeux fermés, la face levée vers le ciel, pour humer le nouveau Vent et rendre grâce.

J'ai lu votre lettre et chacun de ses mots m'était un baume et une épine.

Avez-vous parlementé longtemps avec les « cerbères » ? Avez-vous commencé par demander : « Puis-je voir Claire Tuyêt ? » Comment avez-vous réagi lorsqu'on vous a dit que ce n'était pas possible ? Vous êtes-vous écrié : « Appelez la Mère supérieure, elle me connaît ! » ? Étiez-vous triste, très triste, de devoir repartir sans m'avoir vue ? Moi qui, pendant tout ce temps-là, me trouvais à quelques mètres, à quelques marches, à un souffle, de vous.

Votre lettre sonne comme un testament car depuis que vous l'avez écrite, il s'est passé tant de choses, comme je viens de le dire. La fin d'un monde. La Logique a repris ses droits, sur les décombres de ce qui n'avait été, en fin de compte, qu'une aventure de l'esprit, un voyage dans l'illusion, celle poursuivie par les hommes et les femmes qui voulaient à la fois l'indépendance pour le Viêt-Nam et la liberté pour son peuple.

Vous parlez de mon regard sérieux. Je retiens de vous votre sourire très doux, presque triste. Vous supputiez, n'est-ce pas, ce qui est arrivé ? Dans quelle mesure ? Et jusqu'où êtes-vous allé pour raconter ? Êtes-vous tombé votre caméra à la main comme d'autres le fusil au bout du bras ?

Vivez-vous encore ?

Depuis mon arrivée en Belgique et contrairement à la promesse de mes dix ans, je n'ai fait aucune tentative pour vous rechercher, mais j'ouvrais mon journal, tous les jours. C'était ma façon de vous retrouver. Plus loin, je n'allais pas : je vous avais rangé dans le Reste.

Vous haussez vos sourcils ? Qu'il vous suffise de savoir qu'il est à l'origine de la « consigne » de ma mère. Vous ne la connaissez pas ? Vous allez la connaître : c'est une personne qui estime que, dans la vie, il y a le Devoir et le Reste, et le Devoir, c'est d'être Libre. Elle l'a crié dans sa lettre : « Ne reviens pas ! Ne reviens pas ! »

Je l'avais longtemps méconnue. Elle avait sa vie, moi la mienne. Je voyais en elle une femme forte, solide, invulnérable. Cette image me tenait à distance. Elle s'est fendue en deux au cours d'une cérémonie du thé, lorsque ma mère m'a montré son autre elle-même en me dévoilant sa fragilité. Je venais d'avoir dix-huit ans, et j'ai compris. J'ai compris que la distance entre nous était voulue par elle, qu'elle en avait besoin afin de poursuivre son chemin, celui imposé par les choses de la guerre. Fidèle à cette démarche, elle m'avait caché votre lettre : elle voulait me permettre de commencer, déjà, le mien.

Aujourd'hui, elle me la rend. Pourquoi ?

J'imagine une ville à l'agonie, j'imagine une femme assise auprès d'un magnifique plateau laqué noir, tenant dans sa main une tasse de thé gris émeraude d'où s'élève le délicat parfum des fleurs de lotus. Se souvient-elle, comme je me souviens ? Le soir descendait, sur le même plateau à thé. Elle disait à sa fille : « Tu dois partir, et tu reviendras ». Quatre années se sont écoulées. Aujourd'hui, le lotus a le même parfum, mais comme le thé est amer ! Elle ferme les yeux, voit les chenilles se dérouler, s'avancer, avaler, mètre après mètre, cette chose pour laquelle elle a toujours combattu, sa liberté. Elle se lève, va à son bureau, ouvre un tiroir, en sort une photo et une lettre. L'une a été prise il y a vingt-deux ans et douze sont passés depuis que l'autre a été écrite. Elle passe un doigt sur le sourire de la photo, relit la lettre. Elle ne l'avait jamais montrée à sa fille. Les temps ne s'y prêtaient pas. Mais les temps ont changé. Sa fille a besoin de savoir, maintenant. Surtout maintenant. Un grondement se fait entendre au loin. Se rapproche. Les tanks sont aux portes de la ville. Le flamboyant en tremble, par la fenêtre. Elle prend une feuille de papier, écrit : « Ne reviens pas. » Souligne deux fois. Ajoute : « Je t'aime. » Ajoute : « J'ai confiance en toi. » Replie la feuille autour de la photo et de la lettre, glisse le tout dans une enveloppe – désormais, celle-ci sera sur elle nuit et jour. Et retourne s'asseoir auprès du magnifique plateau laqué noir.

Aujourd'hui, le Reste n'a plus de raison d'exister. La photo de mon père et votre lettre ont traversé l'espace et le temps pour venir me le dire. Que Plus Tard est (de)venu Trop Tard, que le 30 avril a tout emporté et qu'il ne reste plus rien à comprendre, plus rien à faire. Que le quatrième flamboyant est mort.

Un sort vient d'être levé. Désormais, je suis libre, de cette liberté des gens aux attaches rompues, certes ; des feuilles tombées de leurs branches alors que c'est le printemps, oui ; des bateaux sans quais, d'accord. Mais libre quand même.

Je me dessinerai une nouvelle route, et puisque les pages de l'Histoire se tournent rarement à l'envers, je construirai ma propre histoire. J'ai du temps, tellement de temps, maintenant.

Un jour, je m'assoirai de nouveau avec ma mère pour le thé.

Un jour, je saurai la vérité sur mon père.

Et, qui sait, vous m'offrirez encore une menthe à la glace pilée, un jour.

Un « quatrième flamboyant » ne meurt jamais pour de bon.

C'est ce que je crois.

Tuyêt. »

Je replie la lettre, sors mon journal de son tiroir. Plus exactement, le cinquième carnet d'un journal commencé une dizaine d'années auparavant sur un cahier d'écolier et devenu, depuis, un compagnon de route fidèle et nécessaire. Mes doigts caressent les feuilles quadrillées recouvertes d'une écriture serrée, cherchent la page sur laquelle j'ai noté, il n'y a pas si longtemps : « Réussi les examens hors-session. Bûche sur les autres. Mémoire à finaliser et à présenter. Dans trois mois, retour à la maison ! » C'est à côté de ces derniers mots que je veux mettre la lettre.

Onze heures vont bientôt sonner. Je n'ai pas sommeil. Il n'y a pas de couvre-feu à Bruxelles. Je jette une veste sur mes épaules, descends les deux étages pour rejoindre le rez-de-chaussée et sors dans la rue. Mes foulées sont longues, comme toujours. Cinq minutes plus tard, je suis assise sur un banc du jardin de l'abbaye de la Cambre. J'ai l'habitude de venir y rêvasser.

La nuit d'été est douce. À part quelques chuintements de pneus sur l'asphalte et l'une ou l'autre fenêtres éclairées, Bruxelles dort.

De l'autre côté de la terre, l'aube a pointé. Bientôt, le ciel se vêtira de bleu, le bleu que j'ai toujours connu, le bleu qui coiffera les toits de Saigon, éternellement.